당신의
한 줄은
무엇입니까

| 버리고 집중해서 최고가 되는 자기 정의법 |

당신의
한 줄은
무엇입니까

김철수(SK플래닛 매니저) 지음

Ć
청림출판

왜 한 줄 콘셉트인가

얼마 전 신문에서 '40대 한국인의 평균 기대수명은 100세'라는 기사를 읽은 적이 있다. 그런데 실제 현장에서 뛰고 있는 한국 직장인의 체감 퇴직 연령은 50세도 채 되지 않는다. 40대 초반이 되면 이미 퇴직을 걱정해야 하는 게 대한민국 많은 직장인의 현실이다. 기대수명의 통계에 따르면 앞으로 60년은 더 행복하게 살아야 하는데 과연 나는 앞으로 무엇을 해야만 할까? 살아온 날들보다 살아갈 날들이 더 많은 시점, 지금 이 순간뿐 아니라 앞으로 남은 날들을 위해서도 당장 뭔가 변화가 필요한 것 같은데 어떻게 해야 할까? 스스로 변화하고 혁신하지 않으면 결국 도태되지 않을까?

나는 꽤 오랫동안 직장인으로서 익숙해진 나머지 이제는 무덤덤해진 이런 질문들을 하면서 왠지 불안감을 느끼곤 했다. 그렇다고 그 불안감이 오래 가는 것도 아니었다. 또다시 어제처럼 오늘을 살고 오늘처럼 내일을 살아왔다.

그런데 마흔이라는 숫자에 가까워지면서 그 질문의 답을 스스로 찾아보고 싶어졌다. 그래서 사회에서 성공한 인생의 선배나 각 분야의 혁신 고수들을 직접 찾아다녔다. 그렇게 수십 명의 고수들을 만나 가르침을 받고 혁신 업무를 현업에서 직접 수행하면서 깨달은 사실이 하나 있다. 개인의 혁신과 조직의 혁신이 크게 다르지 않다는 사실이다. 아무리 큰 조직일지라도 결국 혁신은 사람이 하는 일이기 때문에 어쩌면 당연한 것일 테리라.

이런 깨달음 후에 나는 지금까지 내가 직접 만나본 50여 명의 혁신 고수들의 경험과 스토리들을 분석해보기로 했다. 단순한 사례의 나열이 아니라 회사에서 배운 혁신^{Innovation} 방법론을 활용해 나만의 인사이트^{insight, 통찰}로 재해석했다. 결코 쉽지 않은 작업이었지만, 결국 나만의 관점으로 오랜 질문의 답을 찾아냈다.

답은 바로 '한 줄 콘셉트'였다. 성공한 사람들 그리고 자기 변화를 추구하는 혁신 고수들은 하나같이 자신만의 차별화된 '한 줄' 또는 '하나의 키워드'를 가지고 있었다. 자신만의 '한 줄'을 가진다는 것은 쉬운 일 같지만, 아무나 할 수 없는 일이라는 것을 나는 이미 경험적으로 알고 있다.

그 후로 나는 이 시대의 사람들, 특히 직장인들을 만날 때마다 다음과 같은 질문을 던진다. "당신의 콘셉트를 한 줄로 정의할 수 있습니까?" 십중팔구 "아니요"라는 답이 되돌아온다. 그 답을 듣고 나면 다시 한 번 질문한다. "그럼 한 번이라도 생각해본 적은 있나요?" 질문을 듣는 순간 사람들은 본능적으로 왠지 중요한 질문이라고 느끼지만, 대부분 단 한 번도 생각해본 적은 없다고 한다.

놀라운 일이 아닌가? 꿈이나 목표 같은 지향점은 있으나, 자신의 '콘셉트 정의'라는 시작점이 없다니. 출발점을 모르면서 도착 지점을 제대로 찾아갈 수 있을까? 나는 개인의 변화와 성장을 위한 모든 노력들은 자신만의 '한 줄 콘셉트'를 정의하고, 그 콘셉트를 발전시키는 것으로 귀결되어야 한다고 생각했다.

그래서 나는 이 책에서 나만의 한 줄 콘셉트를 찾는 가이드를 제시했다. 그리고 혁신 고수들로부터 받은 자극과 기업의 혁신 조직에서의 경험을 바탕으로 찾아낸 9개의 인사이트와 사례들을 적었다.

이 책을 통해 나는 오늘을 살아가는 나와 같은 수많은 '철수'들, 즉 평범한 직장인들이 마음속으로 늘 꿈꾸는 변화와 성장을 자신의 삶 속에서 실제로 경험하고 스스로의 잠재력을 발견할 수 있도록 돕고 싶다. 그 출발점으로 자신만의 '한 줄 콘셉트'를 정의해볼 것을 제안한다.

CONTENTS

CHAPTER01

한 줄 콘셉트를 찾아서

당신의 한 줄은 무엇입니까?

●

나는 지금 어디에 서 있는가

몇 해 전 12월의 어느 날, 나는 프로젝트 룸에 홀로 남아 다음 날 진행할 인터뷰 질문지를 작성하고 있었다. 그때 복도를 지나가던 한 선배가 문을 열고 들어왔다. 평소에 친한 사이였지만, 서로 바빴던 탓에 몇 달째 속 깊은 대화를 나누지 못하던 터였다.

그간에 있었던 이런저런 얘기와 다가오는 새해를 맞아 서로 덕담을 나누었다. 그런데 한 시간쯤 지났을 무렵, 선배는 느닷없이 이런 말을 꺼냈다. "철수야, 평소에 너한테 해주고 싶은 말이 있었는데, 너는 너만의 색깔이 없는 것 같아."

아니, 이게 무슨 소린가? 나의 색깔이 없다니! 갑작스런 선배의 말에 순간 당황할 수밖에 없었다. 그래도 대범한 척 얼굴 표정을 숨기며 좀 더 자세히 말해달라고 했다.

"일은 열심히 하는 것 같은데, 다른 동료들에 비해서 김철수 하면 떠오르는 이미지가 없어. 솔직히 눈에 잘 띄지도 않는 게 사실이야. 새해부터는 너의 색깔을 좀 찾아봐!" 선배는 이런 애매한 조언을 남기고 자리를 떠났다.

선배와 헤어진 후부터 나는 몇 번이고 다시 생각해보았다. 뭐가 잘못된 것일까? 지금까지 나에게 이런 얘기를 해준 사람은 없었다. 그리고 나는 그때까지 정말 열심히 일했다. HCI^Human Centered Innovation 팀에 뒤늦게 합류해 선배들처럼 뛰어난 업무 성과를 발휘하지 못하고 있다는 부담감 때문에 늘 남들보다 더 늦게까지 일했고, 주말에도 회사 일을 고민했다. 우직하게 열심히 일하다 보면 실력도 좋아지고 언젠가 남들도 나를 알아줄 거라고 생각했다. 그런데 선배의 말을 듣고 보니 지금까지 내가 살아온 삶의 방식에 문제가 있을지도 모른다는 생각을 하게 되었다. 그날은 내내 일이 손에 잡히지 않았을뿐더러 집으로 돌아오는 지하철에서도, 심지어 침대에 누워서도 계속해서 선배의 말이 머릿속을 맴돌았다. "철수, 넌 색깔이 없어……"

내 삶의 방식과 자아에 대해 의문을 품게 만든 선배가 처음에는 너무 야속했다. 왜 선배는 나를 몰라줄까? "철수는 성실한 사람이야", "남을 즐겁게 해주는 재미있는 친구야"라고 말하는 사람들도 많았는데, 그런 모습들이 내 색깔이 될 수는 없는 걸까? 내가 잘하는 걸 떠올리며 이런저런 자기방어를 해봤지만 그런 대답 역시 흡족하지 않았다. 그런 답들이 내 색깔이었다면 선배가 그 말을 꺼내지도 않았을 테니 말이다.

그렇다면 나만의 색깔을 갖는다는 것은 어떤 의미일까? 어떻게 하면 나만의 색깔을 만들고 또 찾을 수 있을까? 한동안 이 질문은 나에게 큰 고민거리였다. 그러나 답 또한 쉽게 찾을 순 없었다.

고수들에게는 자신만의 한 줄이 있다

변화와 성장을 위한 고민의 시간이 한동안 지속될 무렵, 나는 자기계발에 상당한 노력을 기울이고 있었다. 책도 많이 읽었지만, 성공한 사람들이나 혁신 분야의 고수들을 직접 찾아다녔다. 차가운 바람이 몰아치는 겨울에도, 찜통같이 무더운 여름날에도 일부러 시간을 내 고수들의 가르침을 배우고자 했다.

퇴근 후 모두들 집으로 향할 때, 나는 북포럼이나 세미나가 있는 곳으로 고수들을 향해 달려갔다. 책을 사서 읽거나 유튜브 동영상을 통해 그들의 이야기를 접할 수도 있겠지만, 현장에서 내 눈과 귀로 느끼는 그들의 에너지는 다른 어떤 매체와도 비교할 수 없는 감동과 공감대를 선물했다. 아무리 바쁘고 피곤해도 내가 그들을 직접 찾아가는 이유다. 동료들은 이런 나를 보고 대단한 정성이라고 한다. 대부분 생각은 하지만 실제 행동으로 옮기는 사람은 많지 않기 때문일 것이다.

그렇게 내가 발품을 팔아 직접 만나본 고수들의 수는 100여 명에 이른다. 그중에서 나는 50여 명의 고수들을 선택해 분석했다. 그들이라면 내 고민의 해답을 가지고 있지 않을까? 그들은 내가 변화와 성장의 방향을 잡는 데 분명한 가르침을 줄 수 있을 것만 같았다.

그렇게 생각한 날부터 나는 고수들의 강연 내용과 책의 내용들을 분석하기로 마음먹었다. 평소에 꼼꼼히 기록하는 습관을 가지고 있던 덕분에 다행히 모든 고수들의 강연 내용이 노트나 넷북에 기록되어 있었다. 게다가 자그마한 것이라도 놓치지 않을까 염려되어 녹음까지 했기 때문에 분석에 필요한 자료들은 충분했다. 그 와중에 나는 고수들의 강연 내용을 세밀하게 분해하면서 방대한 데이터를 다시 분석하고 종합했다. 집 안의 거실 창문과 벽면은 수많은 포스트잇과 사진들로 채워졌다. 퇴근 후 나는 일명 드림 스튜디오Dream Studio에서 많은 시간을 보냈고, 몇 개월에 걸친 분석과 종합의 과정을 거쳐 결국 핵심 인사이트 9가지를 도출할 수 있었다. 회사에서 이런 업무를 전문적으로 하기 때문에 익숙하긴 했지만, 결코 쉬운 작업은 아니었다. 누가 하라고 한 것도 아니고, 꼭 해야만 하는 것도 아니었지만 그만큼 변화와 혁신에 대한 갈증이 컸기 때문에 정말 열심히 했다. 지금이 아니면 다시는 기회가 없을 거라고 생각했다. 그리고 결국 나만의 결과물을 만들어냈다는 사실에 기쁘고 행복했다.

"변화와 혁신으로 통하는 가장 빠르고 확실한 길, 그 길을 여는

인사이트 도출 과정

열쇠는 무엇인가?" 스스로에게 던진 질문에서 내가 찾은 답은 바로 '한 줄 콘셉트'이다. 성공한 사람들 그리고 혁신 분야의 고수들은 자신만의 한 줄 콘셉트가 있다. 그렇기 때문에 다른 사람들과 차별화되고 두드러진다. 그것은 그들만 알고 있는 비밀이고, 나는 결국 그 비밀을 어렵게 찾아낸 것이다.

그런데 더 놀라운 사실이 있다. 그 비밀은 내가 오랫동안 혁신 팀에 몸담으면서 경험해온 성공적인 서비스나 비즈니스 모델들이 갖는 공통적인 특징과도 일맥상통한다는 것이다. 개인과 조직의 혁신 원리가 크게 다르지 않다는 발견은 아무리 거대한 조직도 자세히 들여다보면 개인이 존재한다는 아주 단순하면서도 중요한 명제와도 연결된다. 결국 개인이든 기업이든 시장에서 성공하기 위해서는 자기만의 한 줄 콘셉트를 만들어야 한다. 그리고 그것의 잠재 가치를 현재 가치로 만들기 위해 절실하게 노력해야만 한다.

나만의 한 줄 콘셉트를 갖는다는 것

"나는 우리 회사의 CEO가 될 거야."

"나는 10억이라는 큰돈을 벌어서 행복하고 건강하게 살 거야."

인생의 목표를 묻는 질문에 사람들은 막연하지만 그리 어렵지 않게 답할 수 있다. 특히 직장인이라면 비록 적극적으로 표현은 하지 않더라도 인생 후반 자신의 모습을 상상하고 고민해봤을 것이다. 물론 자신이 상상한 대로 모든 것을 이룰 수 없을 수도 있기에 지금의 목표나 꿈은 구체적이지 않고 막연한 경우가 많다.

질문을 한번 바꿔보자. 당신의 한 줄 콘셉트는 무엇인가? '나'라는 사람을 단 한 줄로 정의할 수 있는가? 좀 더 욕심을 내서 단 하나의 키워드로 나를 표현한다면? 답하기가 결코 쉽지 않을 것이다. 남들이 바라본 나의 모습일까, 아니면 내가 생각하는 나의 모습일까? 현재의 나의 모습을 말하는 걸까, 아니면 미래에 기대하는 나의 지향점을 말하는 것일까?

내가 생각하는 나의 모습과 남들이 보는 나의 모습은 다른 경우가 많다. 현재의 나의 모습과 미래에 만들고 싶은 나의 모습 또한 전혀 다를 수 있다. 이 모든 경우의 수가 중요하며 모두 고려되어야 하기 때문에 답하기가 쉽지 않다. 그래서일까? 우리는 살아가면서 자신의 콘셉트에 대해 외면한 채 한 번이라도 깊이 있게 고민해보지 않는다.

콘셉트의 비밀을 발견한 후, 어느 날 나는 사무실에서 네 명의 동료들과 이야기를 나누다가 이런 질문을 던졌다. "자신의 콘셉트를 단 한 줄로 정의할 수 있으세요?" 두 명은 30대 초반의 남녀 후배였고, 두 명은 40대 초반의 남자 선배들이었다. 그런데 나이와 성별을 가리지 않고 어느 누구도 내 질문에 바로 답하는 사람은 없었다.

그래서 다른 질문을 던졌다. "그럼 혹시 한 번이라도 본인의 콘셉트에 대해 생각해본 적은 있으세요?" 네 명 모두 잠시 고민하더니 "아니요. 한 번도 생각해본 적이 없네요" 하며 의아해했다. 분명 인생에서 중요한 질문인데 한 번도 진지하게 고민해본 적 없다는 사실이 이상하다는 것을 깨달은 듯했다. 직장 3년차 후배도 17년차 선배도 마찬가지였으며, 혁신 고수들을 분석하기 전까지는 나 역시 크게 다르지 않았다. 그 후 나는 회사 밖에서 만나는 수많은 사람들에게 같은 질문을 던졌고, 결과는 항상 같았다. "생각해본 적이 없네."

이렇게 대부분의 사람들은 남들과 차별화할 수 있는 자신만의 콘셉트에 대해 구체적으로 생각하지 않는다. 나만의 한 줄 콘셉트를 갖는다는 것은 인생의 바다 한가운데에서 좌표를 설정하는 것과 같다. 나아갈 방향을 잡기 위해서는 목표점도 중요하지만 출발점 파악이 먼저다. 예를 들어 자동차로 잘 모르는 곳을 찾아간다고 해보자.

내비게이션이 있으니 크게 걱정할 필요는 없다. 화면에 목적지를 입력하고 검색하면 끝!

그런데 간혹 목적지를 제대로 설정했음에도 내비게이션이 방향을 잡지 못하고 버벅거리는 경우가 있다. 그럴 때 우리는 이러지도 저러지도 못한 채 도로 위를 빙빙 돌기만 한다. 어떤 경우 "현재 지하도에 있습니까? 고속도로에 있습니까?"라며 내비게이션이 역으로 운전자에게 물어보기도 한다. 이때 운전자가 제대로 답하지 못하면 몇 시간이고 도로 위를 빙빙 돌며 길을 헤매게 될 것이다. 생각해보면 이 모든 것이 현재 자신의 위치를 제대로 파악하지 못하기 때문에 발생한다. 목적지는 인생의 목표이며, 현재 위치는 자신의 콘셉트

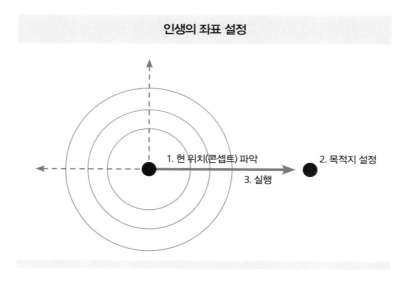

인생의 좌표 설정

1. 현 위치(콘셉트) 파악

2. 목적지 설정

3. 실행

이다. 콘셉트 설정은 우리 인생에서 그만큼 중요한 것인데도 많은 사람들이 간과하고 있다.

문제는 여기서부터 시작된다. 수많은 사람들이 성공하기 위해 직장에서 몸이 부서져라 일하고, 틈틈이 시간을 내서 자기계발에도 온갖 노력을 다하지만 쉽게 성과가 나지 않는 경우가 많다. 왜 그럴까 하며 여러 이유를 떠올려보지만 결국 가장 큰 이유는 콘셉트가 없기 때문이다. 콘셉트가 없으면 선택과 집중이 잘 안 된다.

이런저런 노력을 해봤지만 성과가 제대로 나지 않을 때 우리는 아무리 해도 안 된다며 부정적인 생각을 하게 된다. 이런 생각은 결국 인생에서 많은 것들을 쉽게 포기하게 만든다. 그리고 조직이나 사회도 당신의 가치를 제대로 인정하지도 않는다. 이런 일이 반복되면 자신의 존재감이나 자아 성취감은 크게 떨어질 수밖에 없다.

그렇다면 어떻게 해야 할까? 바로 콘셉트라는 출발점부터 제대로 잡아야 한다. 현재의 나를 객관적으로 평가하고, 앞으로 내가 나아가야 하는 방향을 잡는 한 줄 콘셉트의 정립이야말로 개인의 변화와 성장에서 가장 먼저 선행되어야 하는 필수 활동이다. 여기서 말하는 한 줄 콘셉트는 직업과 관련한 것이면서도 개인의 성향을 포함한다. 개인의 성향과 경력 개발이 별개가 아니라 모두 연결되어 있기 때문이다.

나만의 독침을 찾아라

　2012년 초, 나는 팀 동료들과 함께 약 2개월간 터키에서 e-커머스 관련 프로젝트를 진행한 적이 있다. 당시 SK그룹은 터키의 도우쉬그룹과 함께 터키 시장의 온라인 쇼핑몰 사업에 진출하기로 했는데, 11번가 정낙균 전 대표(현 터키 도우쉬 플래닛 대표)가 내가 몸담고 있는 HCI 팀에 프로젝트를 요청한 것이다. 잠재력이 큰 터키 시장에서 온라인 쇼핑몰 사업을 할 때 다른 쇼핑몰과 차별화할 수 있는 전략 방향성을 제안하는 것이 목적인 프로젝트였다.

　한국에서 짧은 시간에 성공적인 쇼핑몰로 성장한 11번가가 터키 시장에 진출하기 위해서는 터키인들의 쇼핑에 대한 행동 양식뿐 아니라 한국과 다른 문화적인 차이들을 이해할 필요가 있었다. 우리는 터키의 전통 시장인 바자르와 최신식 백화점 등 다양한 쇼핑 장소를 관찰했다. 그리고 소비자와 판매자들을 만나면서 의미 있는 데이터들을 수집하고 분석할 수 있었다. 당시 정낙균 대표가 우리 프로젝트 팀원들을 만날 때마다 늘 하는 말이 있었다. "다른 건 필요 없다. 터키 시장에서 먹힐 독침 하나만 찾으면 된다."

처음 터키에 왔을 때부터 프로젝트를 마칠 때까지 정 대표는 계속해서 같은 주문을 했다. 새로운 시장에 뒤늦게 진입할 때 가장 먼저 고려해야 하는 것이 바로 '차별화된 고객 가치'다. 물론 사업적 관점과 고객의 관점을 모두 고려한 한두 개의 키워드는 매우 중요하지만, 그만큼 찾기도 어렵다. 시장을 관통하는 그 독침은 사업의 성패를 좌우하기 때문에 항상 치열한 고민과 토론으로 이어진다. 결국 우리는 온라인 쇼핑에서 먹힐 만한 몇 개의 핵심 가치Value와 서비스 방향성을 제안하고 프로젝트를 마칠 수 있었다.

정낙균 대표가 끊임없이 주문했던 '독침'은 사업뿐 아니라 개인의 변화와 성장에도 똑같이 적용된다. 개인이 만들어내는 '독침'은 사회집단 속에서 자신의 존재감을 드러나게 해줄 뿐 아니라 지속 가능한 성장을 이끌어낸다. 따라서 개인에게도 '독침'을 찾는 일은 매우 중요하며, 오랜 시간에 걸쳐 고민하고 수정, 보완해야 한다.

세계적인 액션 스타 성룡은 MBC 프로그램 〈무릎팍도사〉에 출연해 자신의 성공에 대해 이렇게 이야기했다.

"이소룡이 사망한 이후 쿵푸를 하는 사람은 누구나 스타가 될 수 있었어요. 당시 사람들 예명은 '브루스 라이', '브루스 뤼'같이 모두가 브루스였죠. 모든 영화에서 이소룡을 흉내 냈어요. 그렇지만 그 중에서 성공작은 하나도 나오지 않았어요. 그래서 전 생각했죠. 어떻게 하면 그들과 다를 수 있을까? 어떻게 하면 이소룡과 다를 수 있을까? 그래서 저는 완전히 반대로 해봤어요. 그가 영웅 연기를 했다면, 전 반대로 보통 사람 연기를 했죠. 이소룡은 하이킥을 했지만, 저는 로우킥을 했고요. 이소룡은 때리고 기합소리를 냈지만, 전 '아야~' 하고 아파했죠. 그랬더니 사람들이 모두 좋아하는 거예요. 이소룡 아닌 새 배우가 펑 하고 나타난 거죠. 이소룡은 실전파였어요. 쿵푸를 하는 사람이면 누구나 할 수 있죠. 실전파랑 제 무술은 완전히 달라요. 쿵푸에 코미디를 첨가한 거죠. 스타일이 완전히 바뀌니 오히려 전 세계인이 좋아해줬어요."

이렇게 성룡은 이미 1970년대부터 자신만의 독보적인 콘셉트를 구축해왔고, 지금은 누구도 넘볼 수 없는 대가의 반열에 서 있다. 그의 인터뷰엔 이런 자막이 달렸다. '성룡은 끊임없는 노력으로 제2의 이소룡이 아닌 제1의 성룡이 되었다. 그리고 이름 자체가 장르가 된 사나이.' 그가 만약 남들처럼 이소룡이 되고자 했다면 지금의 성룡은 탄생하지 못했을 것이다.

〈세상을 바꾸는 시간 15분〉의 진행자인 에이트스프링스 오종철 대표는 저서 《온리원》을 펴낸 후 가진 북포럼에서 자신의 '온리원Only One' 철학을 많은 사람들과 나누었다. 1,000명이 넘는 개그맨들과 경쟁하면서 인기 없는 연예인으로 오랜 시간을 보냈다는 그. 지금은 사람들을 웃기는 개그맨이 아니라 '소통하는 개그맨'으로 거듭나 세계에서 유일한 '소통테이너'의 길을 가고 있다. 자신이 만든 '소통테이너' 콘셉트를 특허청에 상표 등록까지 했다고 하니 대단한 일이다. 그는 세상 사람들에게 외친다. 이제 넘버원No.1의 세상에서 여러 사람 중 한 명One of them이 되기보다 오히려 아무도 대체할 수 없는 온리원의 길을 택해야 한다고 말이다.

"지금까지 우리 열심히 살지 않았나요? 모두가 열심히 살고 있어요. 문제는 속도가 아니라 방향이라고 생각합니다. 지금까지 남들과 똑같아지려고 경쟁한 건 아닐까요? 이제 세상이 변하고 있습니다. 예전엔 넘버원이 인정받았죠. 경쟁에서 넘버원이 되면 먹고사는 데 아무 지장이 없었어요. 우린 태어날 때는 온리원으로 태어났는데 사회로부터 넘버원이 되도록 강요받고 있다고 생각해요. 하지만 지금은 사회 시스템이 바뀌고 있습니다. 남들과 경쟁하는 사람은 매력적이지도 않아요. 오히려 자기 자신과 경쟁하는 사람이 매력적이죠."

결국 온리원이 되면 경쟁의 악순환에서 벗어나 자신만의 길을 갈 수 있고, 그 길은 당신을 행복으로 이끌 것이다.

1만 시간의 법칙 vs. 한 줄 콘셉트의 법칙

고려대 경영대학 유원상 교수는 마케팅 전략을 주제로 한 강연에서 기업의 마케팅 활동의 목적은 단기적 매출 확대가 아니라 강력한 시장 지배력, 즉 시장에서의 리딩 이미지를 확보하는 것이라고 강조했다. 1980년대 다른 수많은 브랜드들과 달리 나이키는 계속 승승장구할 수 있었는데, 그 성공의 원인은 당장의 매출 성장이 아니라 시장에서의 선도적 이미지를 강화하는 노력에 의해 얻어진 결과라는 것이다.

잘나가는 모든 제품과 서비스들은 누구나 쉽게 떠올릴 수 있는 한 가지 이미지가 있다. 그 이미지는 의도적으로 만들어진 것이든 결과적으로 형상화된 것이든 지속적인 회사 매출 성장의 밑바탕이 된다. 이런 원리는 개인의 변화와 성장 노력에도 마찬가지로 적용된다. 처음부터 돈이나 사회적 지위를 목표로 하기보다는 장기적 관점에서 자신만의 차별적이고 선도적인 콘셉트와 브랜드를 만드는 것이 먼저다. 다른 모든 것은 부차적인 산출물이다.

실제로 내가 만나본 수많은 고수들은 자신이 강점을 나타내는 영역에서 자신만의 차별화된 콘셉트를 오랫동안 개발해온 콘셉트 달인들이다. 그들은 1만 시간의 법칙이 지배하는 경쟁 시장에 머물기를 거부한다. 경쟁 시장에서는 말콤 글래드웰의 주장처럼 1만 시간이라는 절대적인 시간을 채워야만 정상으로 갈 수 있다. 너무나 많은 경쟁자들과 싸워서 이겨내야만 갈 수 있는 멀고도 험난한 길이다.

오랫동안 우리 사회는 사람들을 경쟁 시장에서 살아남는 존재가

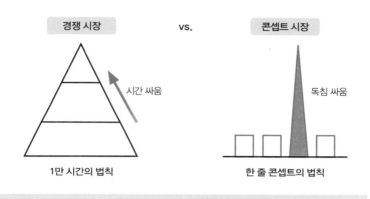

경쟁 시장과 콘셉트 시장의 차이

경쟁 시장   vs.   콘셉트 시장

시간 싸움

1만 시간의 법칙

독침 싸움

한 줄 콘셉트의 법칙

되기를 강요해왔다. 남들보다 더 좋은 대학과 직장을 가기 위해 우리는 기꺼이 1만 시간을 희생했다. 그리고 거기서 끝이 아니다. 사회에 첫발을 내딛는 순간부터 또 다른 1만 시간의 법칙이 우리를 지배하게 된다. 그렇다고 모두가 정상이 된다는 보장도 없지 않은가?

반면 고수들은 정글 같은 경쟁 시장 대신 '독침의 법칙'이 통하는 콘셉트 시장으로 무대를 옮긴다. 자신만의 차별화된 독침으로 승부하는 콘셉트 시장에서는 결국 어떻게 자신만의 한 줄 콘셉트를 잡는가가 관건이다. 언뜻 쉬워 보일 수도 있지만, 실제로 한 줄 콘셉트를 잡는 일은 여간 어려운 일이 아니다. 기존의 시간 프레임에서 벗어나 차별화된 독침을 찾아야 하기 때문에 전혀 새로운 접근 방식이 필요할 수도 있다.

그렇기 때문에 우리는 1만 시간의 법칙에 매달리느니 한 줄 콘셉트를 찾는 데 매진해야 한다. 앞서 이야기했듯이 남들과 같은 길을 가는 것은 안전해 보이겠지만 결국 남들보다 더 뛰어날 수는 없다는 뜻이기도 하다. 넘버원이 되지 않는다 하더라도 자신만의 한 줄 콘셉트가 있는 사람은 그렇지 않은 사람에 비해 냉정한 사회에서 살아남을 확률도 높아진다.

나만의 한 줄을 찾는 법

독창적이고 혁신적인 콘셉트들은 처음에는 잘 받아들여지지 않을 수도 있으며, 오히려 저항에 부딪히거나 조롱의 대상이 되기도 한다. 자신만의 콘셉트를 완성하는 데는 시간과 노력이 필요하다. 그렇다고 자신만의 독창적인 콘셉트를 위해 지금까지 하던 일을 멈추고 전혀 새로운 영역의 개척자가 되어야 한다는 것은 아니다.

"진정한 발견 행위는 새로운 땅을 발견하는 것이 아니라 새로운 눈으로 사물을 보는 것이다"라는 마르셀 프루스트의 글처럼 우리는 지금 하고 있는 일, 자기가 제일 잘하는 영역에서 새로운 관점으로 답을 찾으면 된다. 자기가 잘하는 방식으로 차별화하면 남들에 비해 더 두드러질 수 있기 때문이다.

비즈니스 세계에서 콘셉트의 구체화 과정은 크게 2가지 유형으로 나눌 수 있다. 첫 번째 유형은 하나의 작은 아이디어가 구체화하는 과정에서 연관 아이디어들이 폭발적으로 발상되어 원천인 씨앗Seed 아이디어를 키우는 것이다. 경우에 따라서는 처음 생각했던 아이디어와 전혀 다른 형태로 변형되기도 한다.

또 다른 유형은 각각의 수많은 아이디어들을 재조합해 소수의 완성된 콘셉트로 구체화하는 것이다. 이 경우 대부분 몇 개의 콘셉트로 발전한다. 아이디어나 콘셉트는 각각 나름의 의미와 가치가 있기 때문에 콘셉트 구체화 과정에서 어떤 식으로든 살리려고 하는 것이 일반적이다. 그러나 나름의 의미 있는 개별 아이디어들을 살리려는 욕심 때문에 궁극적으로는 핵심을 잃어버린 평범한 콘셉트로 전락하게 되기도 한다. 결국 "핵심이 뭐지? 뭘 하려는 건지 잘 모르겠는데"와 같은 반응을 듣게 되는 것이다.

수많은 젊은이들의 스타트업 활동을 지원하고 있는 프라이머 권도균 대표. 그는 자신의 사업 성공 경험과 멘토링 활동을 통해 얻은 노하우를 나누는 강연에서 핵심에 집중하고 군더더기 없는 단순함을 추구하라고 주문했다.

"핵심과 보조적인 것을 뒤섞지 말아야 합니다. 쉬운 것 같지만 이 현상은 거의 모든 비즈니스에서 일어납니다. 그리고 욕심이 지나쳐서 처음부터 2,000만 명이 쓸 서비스에 집중하게 되죠. 그것보다는 2,000명을 초기 목표로 잡고, 그들이 잘 사용할 수 있는 서비스에 초점을 맞춰야 합니다."

우리는 왜 늘 복잡하게 생각하고 살을 붙이는 걸까? 한마디로 단순화하기보다 그럴듯한 논리로 포장하는 이유는 뭘까? 자신의 아이디어나 서비스가 최상이라는 확신이 없기 때문일 것이다. 최고의 아이디어라는 확신만 있다면 굳이 자세한 설명을 하지 않더라도 시장에서 고객들이 먼저 알아보지 않겠는가?

대한민국 코미디 프로그램의 대명사가 되어버린 〈개그 콘서트〉의 서수민 PD는 프로그램이 오랫동안 성공할 수 있는 비결 중 하나로 '버릴 것은 빨리 버린다'라는 신조를 꼽는다.

"개그 코너들이 지루해지면 바로 버립니다. 개그맨들이 빨리 포기하게 만들어요. 키워주려면 자를 수 있어야 합니다. 아니다 싶으면 미련 갖지 않게 바로 잘라주는 게 중요합니다. 누구나 자기 코너가 제일 좋은 줄 알거든요."

그녀의 이런 감각 있는 원칙은 〈개그 콘서트〉를 최고의 코미디 프로그램으로 만들었다. 그렇다. 그녀의 말처럼 어쩌면 우리에겐 버리는 연습이 필요한지도 모른다. 버릴 수 있어야 집중할 수 있고, 집중할 수 있어야 탁월해질 수 있기 때문이다.

버리기 위해서는 제대로 평가하고 선택할 수 있어야 한다. 문제는 여기에 있다. 어느 것이 나에게 맞는 최선의 콘셉트인지 어떻게 제대로 평가하고 선택할 수 있을까? 결국 2가지 해결책이 병행되어야 한다.

첫 번째로 스스로 여러 가지 콘셉트를 실험하고 그 가능성을 고민해야 한다. 머릿속으로 그림만 그리는 것이 아니라 실제로 행동으로 옮기고, 그 후에는 반드시 결과에 대해 깊이 있는 고민을 해야 한다.

두 번째로 반드시 객관적인 검증 과정을 거쳐야 한다. 선택이 어려운 이유는 확신할 수 없기 때문인데, 스스로 행동하고 객관적으로 평가한다면 결과 여부와 관계없이 자신감이 높아진다.

객관적 검증이라고 했지만, 어차피 모든 일을 객관적으로 검증하기란 어렵다. 그 보완책으로 자신의 실력과 성향을 잘 아는 사람들과 이른바 '콘셉트 워크숍'을 갖는 방법이 있다. 워크숍의 방식은 다양하다. 여러 명이 참여해 다양한 의견을 한꺼번에 내놓을 수도 있고, 한 명씩 여러 번의 워크숍을 개최해 심도 깊은 대화를 나눠도 된다. 자신의 비전에 대해 깊이 있는 대화를 나눌 수 있는 사람은 그렇게 많지 않을 수 있다. 따라서 평소 주변 사람들과 깊이 있는 관계를 만들어놓는 것이 중요하다.

결국 콘셉트 검증의 목적은 객관성을 확보해 자기 확신을 갖는 것이다. 그만큼 스스로 행동하고 스스로 고민해야 한다는 의미다. 그리고 이 과정은 몇 달이 걸릴 수도 있고, 몇 년이 걸릴 수도 있다.

오랜 시간이 걸리고 힘든 일이지만, 이런 과정을 통해 선택하고 집중할 자신만의 한 줄 콘셉트를 찾는다면 그때부터는 상황이 바뀐다. 모든 것이 독침 콘셉트를 중심으로 집중될 것이고, 서서히 남들과 차별화되는 자신의 모습을 발견하게 될 것이다. 그리고 그 독침은 남을 찌르기 위한 것이 아니라 자신을 채찍질하는 삶의 잣대로 활용될 수 있다. 독침은 남을 향할 때는 경계와 두려움의 대상이 되지만, 자신을 향하면 겸손과 결핍의 강한 무기가 된다. 남과 경쟁하기 위한 무기가 아니라 자신을 탁월하게 만드는 도구가 되는 것이다.

로버트 프로스트의 시 〈가지 않은 길〉에 나오는 구절은 우리의 심장을 두드린다.

숲 속에 두 갈래 길이 있었고,
Two roads diverged in a wood,

나는 거기서 사람들이 적게 간 길을 선택했네.
and I — I took the one less traveled by,

그리고…… 그것으로 인해 모든 것이 바뀌었다네.
and that has made all the difference.

처음 가는 길은 분명 험난하다. 그래서 모두가 발걸음을 옮기길 두려워한다. 그러나 그 길의 끝은 우리가 기대하는 것 이상의 무한한 가능성의 세계로 연결되어 있다. 그리고 그 길은 결코 후회가 남지 않는다. 어떤가. 한번쯤 그 길을 걸어보고 싶지 않은가?

한 줄 콘셉트, 이렇게 만들면 된다

우리는 새로운 제품이나 서비스를 접할 때 "저 서비스, 콘셉트 좋은데" 또는 "그 제품의 콘셉트는 뭐지?"와 같은 표현을 사용하곤 한다. 그렇다면 콘셉트란 무엇인가?

일반적으로 콘셉트concept는 제품이나 예술 작품, 공연 등에서 밖으로 드러내고자 하는 기획자의 의도나 생각을 말한다. 마케팅이나 디자인 영역 등에서 자주 사용하는 콘셉트라는 용어는 사람들이 그 제품이나 서비스의 특성을 쉽게 이해하고, 사고 싶은 마음이 들게끔 하는 소구 포인트다. 기획자나 디자이너의 입장에서도 콘셉트는 모호한 아이디어를 구체적인 상품으로 구현할 수 있도록 만들어주는 눈에 보이는 디자인 가이드라인이 된다. 또한 내부 구성원뿐만 아니라 고객과의 커뮤니케이션 수단으로도 활용된다.

나 역시 ICT^{정보통신기술} 기업의 혁신 팀에서 고객들의 숨은 니즈를 충족시켜주는 새로운 서비스 콘셉트와 비즈니스 모델을 발굴하는 일을 하고 있다. 스마트 기기를 활용한 어린이 교육 서비스 분야에서부터 사람들의 SNS나 커머스 라이프 같은 다양한 영역에서 고객들의 불편함이나 숨은 니즈를 해결할 수 있는 서비스 콘셉트를 제안한다.

나는 시장에서 성공하는 제품이나 서비스 콘셉트들을 분석해 그 제품이나 서비스들이 갖는 몇 가지 공통 요소들을 정리했다. 그리고 이러한 콘셉트의 속성들은 개인의 변화와 성장을 위한 한 줄 콘셉트를 만드는 데도 그대로 적용할 수 있음을 깨달았다.

이렇게 개인의 한 줄 콘셉트를 만들기 위한 방법을 비즈니스 콘셉트의 영역에서 도출한 데는 이유가 있다. 비즈니스 영역의 콘셉트나 브랜드의 속성은 우리에게 익숙한 반면, 개인의 콘셉트라는 개념은 쉽게 와 닿지 않기 때문이다. 그만큼 대부분의 사람들은 개인의 콘셉트라는 영역에 대해 크게 고민해본 적이 없다.

이제 자신만의 한 줄 콘셉트를 만드는 방법에 대해 알아보자. 개인의 한 줄 콘셉트는 전체적으로 어떤 과정을 거쳐 만들어질까? 그리고 한 줄 콘셉트는 구체적으로 어떻게 작성해야 할까?

우선, 혼자만의 시간과 공간을 확보하고 종이 몇 장과 포스트잇을 준비한다. 그리고 나만의 한 줄 콘셉트를 만들어보자.

비변화 영역

외모 · 재산 · 가족 · 전공 · 경험 · 목표 · 직업 · 관심사

Me

변화 영역

**1.
분석하기**
Me-unbundling

**2.
키워드 도출**
Me-finding

키워드 1
키워드 2
키워드 3
키워드 4
키워드 5

**3.
콘셉트 만들기**
Me-rebundling

'한 줄 콘셉트'

**4.
콘셉트 실행**
Act

실행

5. 평가 및 콘셉트 재설정
Redesign

1. 분석하기 _ Me 언번들링

가장 먼저 해야 할 작업은 바로 나 자신을 언번들링Unbundling, 해체하는 것이다. 비즈니스 모델에서 말하는 언번들링은 하나의 상품을 여러 개로 분리해서 판매하는 방식을 의미한다. 이는 여러 개의 상품을 합쳐서 하나의 패키지로 판매하는 번들링Bunding과 반대되는 개념이다. 음악 상품을 예로 들면 쉽게 이해할 수 있다. 과거에는 여러 곡의 음악을 카세트 테이프나 CD 같은 물리적 도구에 담아서 판매했다. 이렇게 함으로써 음악가나 사업가들은 예술 상품의 경제적 부가가치를 높일 수 있었다. 그리고 이 방법은 아주 오랫동안 사람들이 음악이라는 상품을 소비하는 당연한 방식으로 받아들여져 왔다.

그런데 오늘날과 같은 스마트 시대에는 어떤가? 더 이상 음악을 듣기 위해 CD를 사는 사람은 많지 않다. 어쩔 수 없이 여러 곡을 한꺼번에 구매하던 사람들은 이제 애플의 아이튠즈나 멜론과 같은 음원 플랫폼에서 자신이 좋아하는 단 한 곡만을 훨씬 빠르고 저렴하게 구입할 수 있게 되었다. 사업자들의 이해관계와는 달리 사람들은 언번들링이나 리번들링Rebundling, 재조합의 비즈니스 모델을 통해 기존에 누리지 못하던 상품의 진정한 가치를 발견하곤 한다.

나는 비즈니스 모델인 언번들링의 속성을 개인의 콘셉트 개발 영역에 적용했다. '나'라는 사람을 더 자세히 들여다보고 더 가치 있는 나의 콘셉트를 발견하기 위해서는 먼저 스스로를 해체하는 과정을 거칠 필요가 있다. 왜냐하면 '나'라는 사람은 늘 다양한 요소들이 결합된 상태에서 평가되기 때문이다. 자신조차 전체적인 자기 모습을 통해 자신의 가치를 판단하기도 한다. 언번들링-리번들링, 즉 해체 후 재조합의 과정을 통해 우리는 자신의 한 줄 콘셉트와 미래의 방향성을 찾을 수 있다.

언번들링을 위해서는 1차적으로 '나'라는 사람을 구성하는 모든 요소들을 정리해본다. 가족 관계, 재산, 외모와 같은 비변화 영역에서부터 관심사나 직업적 목표, 자신의 강점 등 변화 영역에 이르는 모든 요소들을 분류하고 각 항목별로 사실Fact들을 기록한다.

그다음엔 가족 관계나 외모, 재산의 정도와 같이 내가 바꿀 수 없는 비변화의 영역은 고려 대상에서 제외한다. 그리고 내가 현재 하고 있는 일, 최근 6개월 사이에 많은 시간과 노력을 기울이고 있는 관심사, 남들이 말하는 나의 강점, 이루고 싶은 경력Career상의 목표 등을 모두 종이에 자세히 적어본다. 가족 관계나 외모 같은 영역과 달리 이런 부분들은 나의 의도와 노력으로 얼마든지 변화와 개발이 가능한 영역이다.

현재의 직업과 미래의 목표가 전혀 다른 것일 수도 있다. 만약 미래의 목표가 없거나 명확하지 않다면 이번 기회에 새롭게 정리해보는 것도 좋다. 최근 많은 관심을 기울이고 있는 분야가 있다면 그 분야가 미래의 경력과 연결될 가능성이 크다. 단순한 취미 활동이 아니라 나만의 콘텐츠로 전환 가능한 영역이라면 더욱 좋다. 남들이

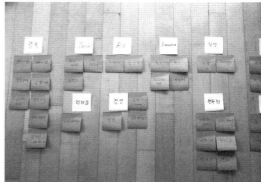

같은 팀 동료의 Me 언번들링 작업

이야기하는 나만의 강점 역시 한 줄 콘셉트 만들기의 기초가 될 수 있다. 평소 나의 강점을 이야기해주는 사람이 없다면 주변의 지인을 찾아가 솔직한 피드백을 받아보는 것이 좋다.

이 모든 콘셉트의 씨앗들을 하나씩 적다 보면 스스로 한숨이 나올 수도 있다. "마땅히 적을 게 없네. 내가 너무 목적 없이 다람쥐 쳇바퀴 굴리듯 살았나?" 하고 자책할 수도 있다. 반면 어떤 사람들은 한 줄 콘셉트 만들기를 하지 않았을 뿐 나름대로 의도를 가지고 다양한 활동을 해왔기 때문에 쉽게 내용들을 채울 수 있을 것이다. 어떤 경우든 끝까지 만들어보는 것이 중요하다.

2. 키워드 도출 _ Me 파인딩

다음에는 'Me 언번들링'에서 나온 단서Clue들을 활용해 5개 미만의 키워드를 만들어본다. 여러 개의 영역에서 공통적으로 겹치면서도 에너지를 느낄 수 있는 키워드들을 뽑는 것이다. 각 영역별로 도출된 사실들 중에서 공통된 단어를 찾는 것이 아니라 그것들이 내포하는 의미가 반영된 키워드를 적극적으로 찾아내야Finding, 파인딩 한다. 성실함, 열정과 같은 개인의 성향적인 키워드보다는 구체적이고 행위적인 단어들을 도출하는 것이 좋다.

이 과정 역시 평소 목적의식을 갖고 살아가는 사람들의 경우에는 쉽게 키워드들을 뽑아낼 수 있다. "나는 누구인가?", "나는 무엇을 할 때 행복감을 느끼는가?"라는 질문에 대해 깊이 고민하는 과정에서 사람들은 자연스럽게 몇 개의 중첩된 단어나 이미지를 떠올리기 마련이다. 그만큼 자신의 삶을 능동적으로 주도하고 일상의 행위에 의미를 부여하는 것이 얼마나 중요한지 이 과정을 통해 깨닫게 된다.

나 역시 단지 주어진 역할에 충실할 뿐 스스로 목적의식을 가지고 원하는 것을 차곡차곡 쌓는다는 것의 의미를 알게 되기까지 꽤 오랜 시간이 걸렸다. 내 경우 키워드 도출 과정에서 '변화, 한 줄 콘셉트, 공감, 콘텐츠, 혁신 방법론' 등의 키워드를 도출했다. 같은 팀 동료는 이 과정을 통해 '이노베이션, 기본기, 다양성, 실행, 행복'이라는 5개의 키워드를 정리했다. 이 키워드들은 자신의 한 줄 콘셉트

같은 팀 동료의 Me 파인딩 작업

만들기의 중요한 씨앗이 된다.

3. 한 줄 콘셉트 만들기 _ Me 리번들링

콘셉트 정립은 여러 개의 조합들 가운데 자신의 현재 위치를 파악하고 미래의 방향성을 잡기 위한 '가치의 선택과 재조합 과정'이라 할 수 있다. 마치 수많은 레고 블록을 가지고 자동차를 만들 수도 있고 집을 지을 수도 있듯이 말이다. 결국 정답이 있는 게 아니라 개인의 선택이 있을 뿐이다.

나는 'Me 언번들링'을 통해 도출된 키워드를 바탕으로 자신의 한 줄 콘셉트를 만들 수 있는 단순한 문법 구조를 정리했다.

한 줄 콘셉트 = 나 주어(S) + 행위 동사(V) + 이미지 보어(C)

그리고 이를 보다 쉽게 작성할 수 있도록 한 줄 콘셉트 시트를 고안했다. 구체적인 작성 방법에 대해 알아보자.

한 줄 콘셉트 시트

한 줄 콘셉트 = S + V + C

① 나 주어(S)	② 행위 동사(V)	③ 이미지 보어(C)

■ 고려 요소 : ① 독창성 ② 구체성 ③ 단순성 ④ 가치성 ⑤ 구현 가능성

나의 이미지 _ 그림으로 표현해본다

실행 계획 _ 구체적인 행위(~하기)를 적어본다

키워드 _ Me 파인딩에서 도출된 5개 키워드를 적는다

년   월   일

먼저 Me 언번들링–Me 파인딩 과정에서 도출된 5개의 키워드들을 도표 오른쪽 하단에 적고 시작한다.

한 줄 콘셉트의 구성요소

$$한\ 줄\ 콘셉트 = \underset{(S)}{나\ 주어} + \underset{(V)}{행위\ 동사} + \underset{(C)}{이미지\ 보어}$$

① 한 줄 콘셉트는 항상 '나'를 주어(S)로 시작한다. 그렇게 하면 주체성을 높이고 스스로 마음가짐을 강화할 수 있는 효과가 크기 때문이다. '나' 대신 자신의 '이름'을 넣음으로써 남들에게 보여주고 싶은 내 모습을 표현할 수도 있다.

② 다음은 행위형 동사(V)다. 콘셉트를 만들기 위해 본인이 실천해야 할 내용을 간결한 문장으로 표현해야 한다. '~하는' 식으로, 구체적이면서도 추구할 만한 가치를 담고 있어야 한다.

③ 마지막으로 이미지 보어(C)다. 특정한 행위를 통해 자신이 궁극적으로 이루고자 하는 콘셉트의 이미지를 표현해보는 것이다. 이 부분은 자신만의 독특한 이미지를 나타낼 수 있는 형상

화된 한두 단어로 만든다. 경우에 따라서는 2개의 단어가 조합된 결합어로 표현할 수도 있다.

한 줄 콘셉트는 한 줄이 가지는 의미처럼 짧은 문장으로 디자인해야 한다. 가급적 30자 내외의 음절로 구성하는 것이 좋다. 그것은 개인이 꿈꾸는 직업적 목표가 아니라 생활 속에서 구체화시키고 싶은 자신만의 특별한 이미지여야 한다. 물론 직업적 목표와 콘셉트 이미지가 강하게 연결되어 있다면 훨씬 실행 가능성이 높아질 것이다.

자신의 한 줄 콘셉트를 작성했다면, 시트 하단의 '나의 이미지'와 '실행 계획'을 작성해본다. 콘셉트의 이미지를 실제로 재미있게 그림으로 표현함으로써 시각적 각인 효과를 기대할 수 있다. 대부분 그림 그리기를 어려워하는데, 잘 그려야 한다는 부담감은 내려놓고 마치 초등학생이 된 듯 즐겁게 시도해본다. 스마트폰으로 유사한 이미지를 검색한 후 따라 그리는 것도 좋은 방법이다.

'실행 계획'은 행위 동사(V)를 좀 더 구체화하기 위한 것이다. 완성된 한 줄 콘셉트를 실천하기 위해 실제로 어떤 활동들을 해야 할지 적어본다. '~하기' 형태로 5개 정도 작성하면 된다.

위의 구성요소를 바탕으로 같은 팀 동료는 다음과 같은 한 줄 콘셉트를 디자인했다. 평소 혁신의 목적은 모든 사람을 행복하게 하는 것이라는 자신의 철학이 잘 드러난 콘셉트라 할 수 있다.

"나는 기본에 충실하면서 다양한 변화를 실행하는 행복한 이노베이터."

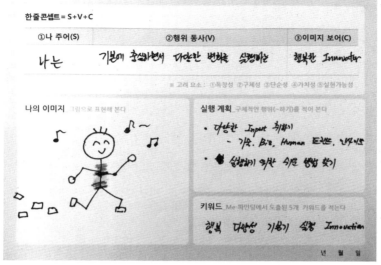

한 줄 콘셉트 = S+V+C

①나 주어(S)	②행위 동사(V)	③이미지 보어(C)
나는	기본에 충실하면서 다양한 변화를 실행하는	행복한 Innovator

※ 고려 요소: ①독창성 ②구체성 ③단순성 ④가치성 ⑤실현가능성

나의 이미지 1컷으로 표현해 본다

실행 계획 구체적인 행위(~하기)를 적어 본다

• 다양한 Input 취하기
  - 기술, Bio, Human 트렌드, 인사이트
• 실행하기 위한 쉬운 방법 찾기

키워드 Me 파인딩에서 도출된 5개 키워드를 적는다

행복 다양성 기술기 실행 Innovation

년 월 일

같은 팀 동료의 한 줄 콘셉트 디자인

나 역시 이러한 과정을 통해 나만의 한 줄 콘셉트를 정의했다.

나는 '한 줄 콘셉트'로 사람들에게 변화와 혁신의 영감을 주는 '콘셉트 디자이너'

나는 오랫동안 기업의 이노베이션 팀에서 근무하면서 의미 있는 고객 인사이트와 혁신적인 서비스 콘셉트를 개발하기 위해 노력해 왔다. 회사에서뿐 아니라 개인적인 삶 속에서도 항상 변화와 혁신을 추구하며 그것을 행동으로 옮긴다. 나는 이 과정에서 쌓인 경험과 혁신 분야 고수들에게 발견한 한 줄 콘셉트의 비밀을 세상 사람들에게 전파하고자 한다. 즉 사람들이 자신만의 한 줄 콘셉트를 통해 잠재된 가능성을 발견하고 보다 즐겁고 행복해질 수 있도록 영감을 불어넣는 역할을 하고 싶다. 이제 나의 업무와 자기계발 활동들은 모두 '콘셉트 디자이너'의 관점에서 고민되어야 하며, 실천을 통해 강화해야만 한다.

이렇게 자신의 콘셉트가 완성되었다면 눈에 잘 띄는 곳에 크게 붙여두자. 그리고 기회가 될 때마다 많은 사람들 앞에서 자신의 한 줄 콘셉트를 선언하는 것이 중요하다. 콘셉트의 실행력을 키워줄 뿐만 아니라 콘셉트를 수정, 보완할 수 있는 검증의 기회가 될 수도 있기 때문이다.

지금까지 한 줄 콘셉트를 작성하는 방법에 대해 알아봤다면 이제 나만의 한 줄 콘셉트는 어떤 특성을 갖고 있어야 하는지에 대해 살펴보자. 개인의 한 줄 콘셉트는 비즈니스 세계에서 성공하는 서비스나 제품 콘셉트들이 갖는 특성과도 매우 유사하다.

●

한 줄 콘셉트의 5가지 원칙

1. 독창성 Unique

비즈니스 콘셉트는 기존에 존재하는 제품이나 서비스와 구별되는 차별화 요소를 가지고 있어야 한다. 다른 경쟁자가 이미 제공하는 서비스를 그대로 따라 하는 것이라면 굳이 콘셉트라고 표현할 필요가 없다. 개인의 한 줄 콘셉트도 마찬가지다. 남들과 같거나 비슷한 콘셉트를 지양하고 자신만의 독창적인 이미지를 찾아야만 한다. 그렇다고 세상에 아무도 생각하지 못한 유일무이한 것을 만들어야 한다는 뜻은 아니다. 분명 누군가는 당신의 콘셉트와 비슷한 개념을 가졌을 것이다. 그러나 절망할 필요는 없다. 그 콘셉트와 구분되는 또 다른 당신만의 요소를 발굴해가면 된다.

사실 독창적인 나의 이미지를 찾는다는 것은 익숙하지 않은 개념이며 생각처럼 쉽지 않다. 어떻게 보면 우리는 사회화라는 이름으로 오랫동안 평범한 사람이 되는 방법들을 배워왔는지 모른다. 나 역시 '어떻게 하면 남들처럼 대기업에 입사할 수 있을까?', '어떻게 하면 모나지 않게 생활하고 조직에서 더 오래 살아남을 수 있을까?' 같은 고민을 수도 없이 해왔다. 그렇게 튀는 것보다는 평범한 것이 생존의 비법으로 받아들여지던 시절도 있었다.

그런데 지금은 어떤가? 언제부턴가 조직은 우리에게 독특해질 것을 요구한다. 좀 튀더라도 자기만의 개성 있는 스타일을 가진 사람을 선호한다. 평범함에 익숙한 사람들은 그러한 변화에 좀처럼 적응하기 힘들다. 그러나 이젠 더 이상 평범함 속에 자신을 숨기지 말아야 한다. 살아남기 위해서가 아니라 더 오랫동안 행복해지기 위해 우리는 각자의 독특함을 찾아내야 한다.

콘셉트는 특별한 사람들만이 만들 수 있는 것은 아니다. 어떤 직업을 가졌든 어떤 일을 하든 상관없이 누구나 자신만의 독창적인 한 줄 콘셉트를 만들 수 있다. 의사나 변호사 같은 전문직을 가진 사람이나 기업의 영업 사원, 구매 담당자 같은 일반 직장인에 이르기까지 누구나 적용할 수 있는 범용적인 원칙인 셈이다. 즉 독특하고 의미 있는 콘셉트를 가지면 직업에 관계없이 누구나 다른 사람과 구별되고 탁월해질 수 있다.

2. 구체성 Concrete

상품의 콘셉트는 쉽고 명확한 정의를 필요로 하며, 구체적인 기능과 세부 구조를 보여줄 수 있어야 한다. 해당 콘셉트가 추구하는 명확한 의도를 알 수 있고, 그것이 고객의 손까지 흘러가는 구체적인 모습이 그려져야 한다는 것이다.

마찬가지로 개인의 변화와 성장을 위한 한 줄 콘셉트를 만들 때도 자신이 추구하는 방향성이 구체적으로 보여야 한다. 즉 한 줄 콘셉트를 통해 내가 앞으로 무엇을 실천해야겠다는 것을 머릿속에 그릴 수 있어야 한다. 하지만 너무 세부적인 행동 계획까지는 세우지 않도록 주의해야 한다. 한 줄 콘셉트를 실천하기 위한 실행 계획Action Plan의 세분화는 별도의 과정이다.

《나를 위한 시간 혁명》의 저자 함병우 대표는 자신을 '글로벌 리더십 프로그램으로 개인과 조직의 변화와 혁신을 지원하는 리더십 퍼실리테이터Leadership Facilitator'라고 정의한다. 프랭클린플래너 마스터 퍼실리테이터로서의 경험과 글로벌 리더십 교육과 관련한 노하우를 바탕으로 콘셉트의 구체적인 범위를 규정하고 있음을 알 수 있다. 세상에 리더십 강사들은 많겠지만 스스로의 명확한 한 줄 콘셉트를 설정하고 있는 퍼실리테이터는 그렇게 많지 않을 것이다.

콘셉트의 구체성이 중요한 이유는 실행력과 전달력을 높일 수 있기 때문이다. 콘셉트가 모호하거나 선언적이면 내가 무엇을 계획하고 실천해야 할지 잘 그려지지 않는다. 반면 콘셉트가 명확하면 스스로 흔들리지 않고 계속 앞으로 나아갈 수 있는 추진력을 얻게 된다. 또한 콘셉트가 구체적이면 다른 사람들에게 나의 콘셉트를 쉽게 전달할 수 있다. 콘셉트는 혼자만 간직하는 것이 아니라 궁극적으로 모든 사람들에게 표현해야 하기 때문이다. 제대로 전달할 수 있으면 다른 사람들에게 나의 콘셉트를 보다 명확하게 각인시킬 수 있을 뿐만 아니라 피드백도 더 쉽게 받을 수 있다.

3. 단순성 Simple

콘셉트는 항상 단순해야 한다. 좋은 콘셉트는 수많은 아이디어들의 조합이 아니라 하나의 핵심적인 기능을 선택해 그에 집중하게 만든다. 그러나 실제로 선택과 집중은 생각만큼 쉽지 않다. 많은 제품과 서비스들의 경우 핵심이 무엇인지 분간할 수 없을 정도로 많은 것을 담고 있다. 최상의 선택에 대한 확신이 없기 때문에 우리는 불필요한 군더더기를 붙이는 게 아닐까? 결국 그러한 모호한 제품이나 서비스들은 시장에서 자연스럽게 소멸되고 만다.

대부분의 성공적인 제품과 서비스들은 단순함을 추구한다. "단순함은 궁극의 정교함이다 Simplicity is the ultimate sophistication"라고 말한 레오나르도 다 빈치의 말처럼 오늘날과 같이 갈수록 복잡해지는 세상에서 사람들은 시간과 노력을 들여 고민하게 만드는 제품이나 서비스를 회피하는 경향이 있다. 사람들의 마음을 사로잡는 것은 오히려 단순하지만 하나의 핵심적인 가치를 가진 것들이다. 이것이 대부분의 성공적인 상품들이 극도의 단순함을 추구하는 이유다. 비즈니스 콘셉트이든 개인의 콘셉트이든 모두 한 줄로 정의할 수 있어야 한다는 것은 이러한 단순성을 강화하기 위한 수단이라 할 수 있다.

13개의 기업체 명함을 가지고 있어 한 달에 13번 월급을 받는다는 피와이에이치의 박용후 대표는 자신을 심플하게 '관점 디자이너'로 정의했다. 지금 당연하게 받아들여지고 있는 것들에 의문을 제기하고 다른 관점으로 모든 현상을 바라볼 때 전혀 새로운 기회를 찾을 수 있다는 것이다. 너무나 심플한 콘셉트지만 한편으로는 너무나 중요한 메시지를 담고 있다.

콘셉트의 단순성이 앞에서 언급한 구체성과 상반된 개념이라고 생각할 수 있지만, 구체적이라는 것이 복잡함을 의미하지는 않는다. 구체성은 명확함을 뜻하므로 단순성에 배치되기보다는 오히려 상호 보완적인 성격이라 할 수 있다.

4. 가치성 Valuable

한 줄 콘셉트는 목적 달성을 통해 얻고자 하는 명확한 추구 가치를 담고 있어야 한다. 한 줄 콘셉트의 실현을 통해 세상에 어떠한 긍정적 가치Value를 창조할 수 있으며, 나는 그 과정에서 어떻게 행복해질 수 있는지를 고민해봐야 한다.

사람들은 흔히 돈이나 명예와 같은 자기만의 이익을 목표로 생각하기 쉽다. 그러나 성공하는 사람들의 특성을 보면 대부분 선한 목적의식을 가지고 있다. 그러한 목적의식을 좇다 보면 돈이나 명예는 자연스럽게 따라오게 된다.

콘셉트의 구성요소 중 행위동사(V)에 이러한 추구 가치가 녹아 있어야 한다. 그것은 반드시 나의 직업적 성격을 나타내야 하는 것은 아니다. 예를 들면 '수많은 사람들이 부러워할 만한 화장품 회사의 CEO'와 같이 내가 이루고자 하는 직업적 목표가 아니라 나의 선한 영향력으로 인해 세상에 어떻게 기여할 수 있을지가 그려져야 한다.

그리고 내가 만든 한 줄 콘셉트가 나의 가슴을 뛰게 할 수 있어야 한다. 앞으로 내가 실천해야 할 가치 있는 일들을 상상하면 나도 모르게 입가에 미소가 지어질 것이다. 아침마다 나를 설레게 만드는 나만의 한 줄 콘셉트를 가지고 있다면 우리의 삶은 얼마나 행복하겠는가?

나는 몇 달 전 회사에서 진행하는 조직 단위의 집합 교육에 참여한 적이 있다. 하루 종일 진행된 교육임에도 불구하고 졸리거나 따분할 틈이 없었다. 교육 강사로 나선 인재육성팀 황상탁 매니저가

매 시간마다 흥미로운 콘텐츠들로 교육생들의 시선을 사로잡았기 때문이다. 스토리가 있는 앙상블 디토의 멋진 클래식 연주에서부터 인천유나이티드의 외룡구단 이야기까지, 자칫 딱딱해지기 쉬운 교육과정을 말랑말랑하면서도 여운이 남도록 디자인한 것이다.

한참 후 자신을 소개하는 프리젠테이션 슬라이드를 보고서야 나는 황상탁 매니저의 교육과정이 왜 색다르게 느껴졌는지 깨달았다. 그는 자신의 비전콘셉트을 '가슴에 울림을 남기는 인간 중심적 HRD 디자이너'라고 소개했다. 그리고 '타인의 성장을 지원하며 성취감을 느끼도록 돕는 것'을 자신의 미션으로 정했다. 그렇게 조직 구성원들의 가슴에 더 많은 울림을 남기겠다는 목적의식과 콘셉트의 추구 가치가 있었기 때문에 그의 교육 콘텐츠는 한 번 더 생각하게 만드는 인문학적 사례들로 채워져 있었던 것이다.

문학경영연구원 황인원 원장은 콘셉트를 묻는 질문에 "나는 시를 도구로, 보이지 않는 사물의 마음을 보도록 돕는 마인드 헬퍼 Mind Helper"라고 답했다. 보이지 않는 사물의 의미를 보고 자신이 기획하는 제품의 마음을 봐야 진정으로 회사의 제품이 달라지고, 창조적인 사람이 된다고 한다. 황인원 원장은 가끔 이메일로 사물을 다른 시각으로 바라본 시들을 소개해준다. 시를 도구로 사람들이 서로 소통하고 창조성을 키우도록 돕겠다고 하는 자신의 콘셉트를 실천하고 있는 것이다.

5. 실현 가능성 Feasible

비즈니스 콘셉트는 아이디어와 구분되는데, 가장 큰 차이로는 실현 가능성을 구체적으로 검토한다는 점이다. 과연 기술적으로 구현 가능한 것인지와 사업적으로 타당성이 있는 모델인지의 검토까지 이루어져야 온전한 공감을 얻을 수 있기 때문이다.

개인의 한 줄 콘셉트도 마찬가지다. 아무리 독창적이고 선한 목적의식을 가지고 있더라도 현실적으로 실현 불가능한 것이라면 일반적인 꿈과 다르지 않을 것이다. 먼 미래에 이루고 싶은 꿈이나 목표보다는 현재 또는 가까운 미래에 내 삶의 기준점으로 콘셉트를 활용해야 한다. 꿈이 최종 목적지라면, 콘셉트는 시작점이며 중간 경유지라 할 수 있다. 즉 꿈을 이루어가는 과정에 콘셉트가 있는 것이다. 그렇기 때문에 콘셉트를 만들 때는 반드시 실현 가능성을 염두에 두어야 한다.

이노팩토리 이유종 대표는 '사용자 중심의 디자인 프로세스와 철학을 가지고 공급자와 사용자의 브릿지 역할을 하는 혁신 디자이너'라고 자신의 콘셉트를 소개했다. 나는 이노팩토리에서 주관하는 'NEXT 포럼'에 참석한 적이 있다. 사업자들이 필요로 하는 대안 솔루션에 대해 사용자 입장에서의 제약 없는 토론과 아이디어 발상의 시간을 가지면서 나는 공급자와 사용자를 연결하는 브릿지Bridge의 의미를 이해하게 되었다. 그가 추구하는 일 자체가 이미 자신의 콘셉트라는 측면에서 '실현 가능성'이라는 콘셉트의 속성을 잘 드러내고 있었다.

지금까지 나만의 한 줄 콘셉트를 만드는 방법에 대해 살펴보았다. 이 책에서 소개한 한 줄 콘셉트 만들기의 방법과 콘셉트의 5가지 원칙은 개인뿐 아니라 회사의 제품이나 서비스를 기획할 때도 적용할 수 있다. '나' 대신에 제품이나 서비스의 이름을 넣고 같은 방식으로 한 줄 콘셉트를 디자인하면 된다. 세상에는 의외로 한 줄로 정의되어 있지 않은 상품들이 수도 없이 많다. 그렇다면 일상생활에서 한 줄 콘셉트를 정립하기 위해서는 무엇이 필요할까? 노트에 나만의 한 줄 콘셉트를 메모한다고 그것이 곧바로 나의 콘셉트가 되는 것이 아니다. 결국 콘셉트는 선언이 아니라 실행의 문제다. 실행의 과정 속에서 평가와 수정을 통해 한 줄 콘셉트를 계속 발전시켜야만 한다. 콘셉트는 만드는 것 자체가 목적이 아니라 자신의 실제 생활에 적용하고, 그로 인한 자신의 변화와 성장을 목격하는 것이 목적이 되어야 한다.

다음 장부터는 자신만의 한 줄 콘셉트를 만들어가는 과정에서 고려해야 하는 핵심적인 인사이트와 사례들을 소개하고자 한다. 나는 50여 명의 혁신 고수들로부터의 배움과 나의 변화와 혁신, 즉 변신 變新 경험을 바탕으로 9가지 키워드를 도출했다. 이는 크게 개인의 변화와 혁신을 위해 필요한 리프레임, 결핍 등 사고 전환의 영역과 대

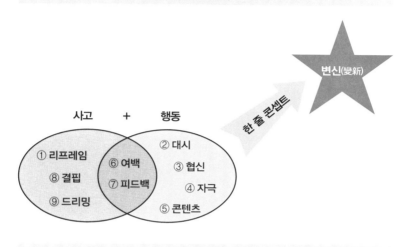

한 줄 콘셉트와 9가지 인사이트의 관계도

시Dash, 협신, 자극 등 생활 속 실천의 영역으로 분류해볼 수 있다.

개인의 변신에서 사고의 변화 없는 행동은 지속성이 떨어지고 행동 없는 사고는 공허함만 안겨줄 뿐이다. 그만큼 사고의 변화와 함께 실제 행동으로 옮길 때 개인의 변신이 성공할 수 있다는 의미다. 나는 많은 시간과 노력을 기울여 9가지 변신 인사이트를 정리했는데도 여전히 갈증이 채워지지 않았다. 9가지 변신 인사이트를 단단하게 만들고 그 인사이트들을 묶어줄 수 있는 하나의 그물코가 필요했던 것이다.

이런 깊은 고민의 과정 속에서 나는 한 줄 콘셉트라는 해법을 찾아냈다. 정체되고 안주한 개인의 삶에 변화와 혁신이라는 목표를 달성하기 위해서는 9가지 핵심적인 인사이트에 대한 심도 깊은 고민과 실천이 필요하며, 이 모든 활동을 통해 결국 자신만의 한 줄 콘셉트를 완성할 수 있어야 한다. 자, 이제 자신만의 한 줄 콘셉트를 완성하기 위해 우리에게 요구되는 9가지 인사이트와 사례들을 자세히 살펴보자.

CHAPTER 02

리프레임으로
사고를 전환하라

콘셉트 인사이트 1

리프레임

개인의 성장 범위를 결정짓는 것은 무엇일까? 어린아이들에게는 고정된 틀이 존재하지 않지만, 어른들에게는 학습되어 이미 익숙해진 자신만의 생각과 행동의 영역들이 존재한다. 그렇게 고정된 사고의 프레임Frame은 우리 삶에 생각보다 큰 영향을 미친다. 의도적이든 무의식적이든 사람들은 자신이 만들어놓은 프레임 안에 정착하려는 경향이 있다. 물론 경쟁과 생존의 속성을 가진 사회 구조가 만들어놓은 고정관념인 경우도 많다.

각자 인생의 주인공으로 거듭나기 위해서는 의도적으로 고정된 생각의 틀을 거둬내야 한다. 오랫동안 자신을 규정짓던 익숙한 프레임에서 벗어나는 일. 물론 쉽지 않지만 모든 변화와 혁신은 자신을 리프레임Reframe하는 것에서부터 시작된다.

기존의 프레임에 얽매이지 마라

한 줄 콘셉트를 디자인하고 실천해가는 과정에서 가장 먼저 고려해야 할 요소는 바로 '프레임Frame'이다. 우리는 각자 자신만의 사고와 행동 기준을 가지고 살아간다. 그 기준은 개인이 만든 것일 수도 있고, 사회가 이미 정해둔 것일 수도 있다. 사회의 프레임은 법 제도나 관습 등의 이름으로 사람들에게 영향을 미치는데, 프레임 안에서 움직이는 우리는 삶의 안정감을 느끼고 급격한 변화에 대한 불확실성을 피할 수 있다.

하지만 때로 프레임은 변화를 추구하는 사람들의 몸과 마음을 묶는 족쇄가 되기도 한다. 자신의 행동과 사고의 준거가 되는 프레임 바깥의 것들을 배척하거나 다른 프레임으로 전환하는 것을 꺼리게 만드는 것이다. 특히 사람들은 나이가 들면서 자신만의 방식으로 정체성을 만들고 그에 따라 살아간다. 즉 "난 이런 사람이야"라며 스스로를 자신이 정한 프레임 안에 가둬둔 채 살아가는데, 이는 다른 방식으로 시도해보지 않고 판단한 경험 부족에 따른 오류일 가능성이 크다.

이처럼 사회적 프레임과 자신의 경험 범주 안에서 판단하려는 인간의 속성은 자신만의 콘셉트를 만들고 변화와 혁신을 향해 나아가는 것을 가로막는 요인이 된다. 그런 측면에서 기존의 지식과 경험에 얽매이지 않고 새로운 것을 받아들이고 실천하려는 열린 자세가 무엇보다도 중요하다.

우유곽 대학 총장으로 유명한 최영환 엠트리 대표는 전 세계 여러 젊은이들과 뜻을 모아 봉사 활동을 하면서 아프리카 어린이들에게 미술을 가르쳤다. 〈세상을 바꾸는 시간 15분〉에서 그는 다음과 같은 이야기를 들려주었다.

"환경적으로 그림을 그릴 기회를 가져보지 못했던 아프리카 작은 마을의 아이들이 놀랍게도 며칠이 지나지 않아 평생 처음 그림을 그리는 것이라고는 믿기지 않을 정도로 창의적인 그림들을 그려냈습니다. 그 아이들에게 주어진 것은 고작 4가지 색깔의 물감과 도화지뿐이었습니다. 뉴욕에서 아이들에게 미술을 가르쳤던 어느 선생님은 뉴욕의 아이들보다 이 아이들의 그림이 훨씬 낫다고 했습니다. 교육으로 형성된 고정된 프레임이 없기 때문에 마음속에 있는 생각들이 제한 없이 그림으로 표현되는 것입니다."

아프리카 아이들이 그린 그림은 뉴욕에서 전시되기도 했다. 실제로 최영환 대표가 강연에서 보여준 아이들의 그림은 독창적이면서 자유분방한 멋진 작품들이었다. 나는 그 아이들의 그림을 보면서 변화와 혁신을 위해 우리에게 필요한 것은 과거의 축적된 경험이 아니라 오히려 현상을 새롭게 바라보는 편견 없는 시각이라는 사실을 깨달았다.

우리는 경험이 많으면 실력이 뛰어나다고 생각하는 경향이 있다. 그런데 경험 많은 사람들이 기대 이상으로 성장하지 못하고 정체되는 경우를 우리는 흔히 접한다. 가만 들여다보면 그들은 대부분 한 분야의 경험만 차곡차곡 쌓은 경우가 많다. 균형Balance 없이 한쪽으로 치우친 경험은 오히려 사람들을 틀 안에 가둘 수 있다.

디자인 분야의 세계적인 구루 중 한 명인 도널드 노먼 교수는 DRC 2013 강연에서 "내가 경험한 최악의 디자인 중 일부는 그 분야의 최고 전문가들에 의해 만들어진 것이었다"라고 말했다. 아무리 뛰어난 사람도 한 분야에 오랫동안 파묻혀 있다 보면, 문제가 생겨도 그것을 쉽게 알아채지 못한다는 것이다.

그렇다면 프레임의 한계를 극복하고 잠재되어 있는 가능성을 발견하려면 무엇이 필요할까? 바로 리프레임Reframe 능력이다. 리프레임 능력이란 사고의 전환과 함께 새로운 것을 받아들이는 학습 능력 그리고 낯선 환경에 의도적으로 자신을 노출시키면서 자신의 잠재된 가치와 능력을 발견하는 것을 모두 아울러 말한다. 이는 우리가 자신만의 콘셉트로 변화와 혁신을 실현하는 데 가장 먼저 필요로 하는 능력이기도 하다.

　세상을 살다 보면 생각지도 못한 분야에서 우연히 자신의 숨겨진 잠재력을 발견하는 경우가 있다. 그때 우리는 진작 자신의 재능을 발견할 기회를 갖지 못한 것을 아쉬워한다. 바로 이 점에 주목하자. 우리는 기회에 노출되지 않으면 무엇이 기회인지조차 알아내지 못한다. 즉 현재에 안주하지 말고 리프레임적 사고를 가지고 과거에 경험하지 못한 새로운 것들을 끊임없이 시도해야 한다.

콤플렉스가 성장의 에너지가 되다

사람들은 누구나 한 가지쯤 콤플렉스가 있다. 그 콤플렉스는 살아가는 데 큰 영향을 줄 수도 있고, 경우에 따라서 본인은 전혀 인지하지 못하는 것일 수도 있다.

나는 사회 관계 속에서 사람들의 태도와 행동에 부정적 영향을 줌으로써 개인이 더 나은 성과를 내고 더 큰 행복감을 느끼는 것을 방해하는 유형의 콤플렉스를 '소셜 콤플렉스Social Complex'라고 정의했다. 소셜 콤플렉스는 개인이 속한 조직이나 상황에 따라서 나이, 학벌, 외모 등 다양한 형태로 나타나는데, 개인의 변화와 성장에 근본적이고 중요한 영향을 미친다. 하지만 소셜 콤플렉스는 제거하거나 극복해야 하는 대상이 아니다. 오히려 우리의 삶 속에서 인정하고 활용해야 하는 것이다.

사람들은 완벽한 사람보다 콤플렉스나 상처를 가진 사람을 더 좋아한다. 콤플렉스의 대상이 되는 외모나 여러 가지 배경들이 남들보다 월등히 뛰어나고 매사에 완벽한 사람들은 부러움의 대상은 될지언정 왠지 다가가기도 쉽지 않고 부담스러운 존재로 느껴진다.

오프라 윈프리는 콤플렉스를 극복하고 미국에서 가장 영향력 있는 여성이자 존경받는 기업인이 되었다. 그녀는 사생아로 태어나 어린 나이에 친척들에게 성폭행을 당했다. 열네 살에 미혼모가 되었지만, 얼마 후 아이를 잃고 마약 중독으로 불운한 10대 시절을 보내야만 했다. 그런데 그녀는 어떻게 그토록 불행한 배경을 극복하고 최고의 성공을 이룰 수 있었을까?

보통 사람들은 상처나 열등감을 숨기거나 포장하려고 한다. 하지만 그녀는 자신의 상처와 열등감을 드러냄으로써 자신을 치유하고 성장시켰을 뿐 아니라 상처 입은 많은 사람들에게도 희망을 주었다. 그녀가 라디오 방송에서 자신의 아픈 과거를 털어놓는 순간 상처 입은 수많은 사람들이 그녀를 따르기 시작한 것이다. 소셜 콤플렉스는 상처나 열등감으로 우리 삶을 끊임없이 괴롭히며 완전히 사라지지도 않는다. 그러나 우리 스스로 그 상처와 열등감을 어떻게 바라보고 대처하는가에 따라 그것은 상처가 아니라 성장의 에너지로 활용될 수도 있다.

콤플렉스는 사회가 쳐놓은 덫

소셜 콤플렉스는 사회가 만들어놓은 프레임이나 고정관념의 산물일 가능성도 크다. 예를 들면 "형님, 나이를 생각하세요", "일류 대학도 못 나왔잖아요", "네 경력으론 어림도 없어"와 같이 자신의 관점이 아니라 외부적 관점에서 바라본 제약인 경우도 많은데, 이런 유형의 소셜 콤플렉스는 '소셜 트랩Social Trap'이라고도 할 수 있다. 다시 말해 사회가 만들어놓은 보통 사람들의 덫이다.

이 덫은 인생의 매 순간 판단의 근거로 작용하며 새로운 변화로의 시도를 좌절시킨다. 불행하게도 사람들은 사회가 쳐놓은 이러한 덫에서 쉽게 벗어나지 못한다. 덫이라는 걸 아는 순간 쉽게 포기해버리는가 하면, 덫이라는 걸 알면서도 벗어날 시도조차 하지 않는다. 하지만 성공한 사람들은 다르다. 그들은 이 덫을 유유히 벗어난다.

나는 클린트 이스트우드의 영화를 매우 좋아한다. 그런데 그의 영화를 볼 때마다 '어떻게 저 나이에 이런 멋진 영화를 만들 수 있을까?' 하며 궁금해했다. 80세 이후에도 왕성한 활동을 하고 있는 그를 보면, 나이야말로 세상이 만들어놓은 소셜 트랩에 불과하다는 생각을 하게 된다. 그 역시 처음엔 보통 사람이었을 게다. 분명 소셜 트랩에 걸려 허우적대기도 했을 것이다. 하지만 분명한 것은 50년 넘는 세월 동안 그는 끊임없이 좌절과 변신을 거듭해오며 자신을 단련했다는 사실이다. 그런 노력이 있었기에 지금의 그가 있는 것이다.

사실 사람의 체력은 나이가 들면서 점점 하향 곡선을 그리는 게 당연하다. 하지만 지적 능력은 나이가 들수록 점점 축적되어 높아진다. 경험과 지혜의 절대 수치는 결코 줄어들지 않는다. 그런데도 사회는 여러 가지 이유를 대며 개인에게 소셜 트랩을 그어놓고 인정할 것을 강요한다. 변화와 혁신을 꿈꾸는 사람이라면 사회적 고정관념에 대해서 깊이 고민해볼 필요가 있다.

삶의 새로운 관점, 'Me-프레임'

그렇다면 사회나 남들이 만들어놓은 프레임, 즉 소셜 트랩에 갇히지 않고 스스로 자기 주도적인 삶으로 리프레임하기 위해서는 어떤 자세와 마음가짐이 필요할까?

리프레임하기 위해서는 자신만의 프레임이 필요하다. 타인을 의식하는 사고에서 벗어나 자신의 관점에서 세상을 바라보는 것, 바로 'Me-프레임Me-frame 사고'가 있어야 한다.

그런데 사실 우리는 자신의 프레임 대신 다른 사람들의 프레임에 자신을 맞추려 한다. '남들이 나를 어떻게 생각할까?', '내가 이런 행동을 하면 저 사람이 속으로 날 비웃지 않을까?'와 같이 항상 주변 사람들을 의식하는 것이다. 이런 태도는 사람들의 생각과 행동을 소극적이고 폐쇄적으로 만들곤 한다. 타인 의식적 사고에서 벗어나 삶에 대한 자신감을 얻고 자신만의 콘셉트를 강화하는 게 가장 중요하다. 타인 의식적 사고에서 벗어나 Me-프레임적 사고로 전환하기 위해 일상에서부터 생각을 바꿔야 한다.

나는 회사의 지원을 받아 시카고에 있는 IIT 디자인대학원^{IIT Institute of Design}을 다닌 적이 있다. 비행기를 타고 미국으로 출국할 때까지만 해도 가족들을 남겨두고 떠나는 게 아쉬웠지만, 한편으로는 새로운 세계에 대한 설레임도 컸다. 그러나 막상 현지에 도착하자 많은 문제점들이 생겼다. 그중에서도 특히 언어의 장벽이 나를 가장 괴롭히는 주범이었다. 새벽 3~4시까지 영어를 공부해도 수업 내용을 다 이해할 수 없었고, 모르는 것을 질문할 수도 없었다.

회사 경비로 유학 왔는데도 자신의 약점 때문에 제대로 배워가지 못한다고 생각하니 심신은 점점 더 위축되어갔다. 한번 잘해보자고 다짐했던 처음의 마음가짐과 나의 행동은 차츰 소극적이고 부정적으로 변해갔다. 어느 순간 나는 "철수야 놀~자"며 나를 놀려대던 친구들에게서 도망치던 30년 전의 내성적이고 소극적인 철수로 변해버린 듯했다.

그때 도움을 준 사람이 바로 '마샤'라는 아주머니였다. 마샤 아주머니는 내게 사람들이 관심을 가지는 건 나의 생각과 아이디어지 언어가 아니라고 말했다. 나는 그녀의 말에 용기를 얻었다. 문제는 완벽하지 않은 언어 때문에 꽉 막혀가는 내 생각이지 언어가 아니었던 것이다.

그리고 그날 이후로 모든 것이 바뀌었다. 마샤의 조언대로 수업 시간이 되자 나는 교수님의 질문에 손을 번쩍 들었다. 그리고 떨리는 목소리로 짧지만 내 생각을 천천히 전부 이야기했다. 한번 해보니 어렵지 않았다. 이후 나는 모든 수업 시간마다 하나의 질문을 던진다는 계획을 실천했을 뿐만 아니라 친구들과의 토론에서도 뒤로 빼지 않았다. 못 알아들으면 다시 한 번 이야기해달라고 부탁했고, 그들은 친절하게 나를 도와주었다. 얼마 지나지 않아 수업이 끝난 후 한 친구가 다가왔다. 그는 "찰스, 너 요즘 갑자기 영어가 엄청 는 것 같아. 어떻게 된 거야?"라고 말했다. 사실 내 영어 실력은 전혀 늘지 않았다. 생각만 바꿨을 뿐이다.

생각해보면 마샤의 충고는 짧지만 강력했다. 그녀의 말은 나의 미국 생활뿐만 아니라 한국에 돌아온 이후의 삶에도 상당한 영향을 주었다. 다른 사람이 어떻게 생각할까를 고민하기보다는 내 생각을 과감하게 밝히게 되었고, 어떻게 할까 망설이기보다는 무조건 들이대는 적극적인 나로 바뀌게 되었다. 그때 우연히 나눴던 짧은 대화가 한 사람의 삶의 태도를 얼마나 크게 바꾸었는지 그녀는 아마 상상조차 못 할 것이다.

〈세상을 바꾸는 시간 15분〉에서 동양인으로는 최초로 미국 메트로폴리탄 오페라 무대에서 우승을 한 성악가 최승원의 강연에 참석한 적이 있다. 소아마비 장애를 앓고 있는 성악가 최승원 씨는 아침에 눈 뜨는 것이 싫을 정도로 고통스러운 나날을 보냈다고 고백했다. 우여곡절 끝에 대학에서 성악을 배우기 시작했는데, 장애인이라는 이유로 어느 합창단에도 들어갈 수 없었다고 한다.

그러던 어느 날 미국으로 도피성 이민을 가게 되었고, 그곳에서 운명처럼 헤르타클레츠라는 선생님을 만나게 되었다. 헤르타클레츠 선생님은 그에게 "이렇게 노래를 잘하는데 왜 오페라를 하지 않았습니까? 절 믿고 한번 도전해보지 않겠습니까?"라고 물었다. 선생님의 제안에 그는 "선생님, 제 몸을 좀 보세요. 이런 제가 그런 걸 할 수 있겠어요?"라고 답했는데, 헤르타클레츠 선생은 그의 인생을 송두리째 바꿔버린 한 마디를 던졌다. "Why not?왜 안 된다고 생각하지?"

한참이 지난 후에 그 말은 현실이 되었다. 산골짜기에서 움직이지도 못하고 하염없이 방에만 누워 있던 소년은 훌륭한 선생님을 만나 생각의 틀을 바꾸었고, 세계를 향해 노래를 부를 수 있게 되었으며, 많은 놀라운 일들을 경험하게 되었다.

"제가 어떻게 마이클 잭슨을 만나고 레이건 대통령, 대처 수상을 만날 수 있었겠습니까? 좋은 사람을 만나는 것도 중요한데, 먼저 자기 스스로 움직여야 합니다. 보세요. 전 여러분과 (신체 조건이) 달라요. 하지만 제가 그 다른 것을 온리원으로 바꾼 거죠. 이를 악물고 제가 가야 할 길을 가는 거예요. 선생님 말씀이 옳았습니다. Why not?"

그의 이야기를 듣던 많은 사람들이 감동의 눈물을 흘리기 시작했고, 강연이 끝나자 모두 일어나 기립박수를 쳤다. 그는 마지막에 〈마이 웨이〉를 불렀는데, 그 노래의 가사를 좋아한다고 했다.

For what is a man? What has he got?
인간은 무엇을 위해서 또 무엇을 가지길 바라는가?

If not himself, then he has naught?
스스로 무언가를 하지 않으면 아무것도 얻을 수 없지 않은가?

적극적으로 자신을 바라보는 삶의 태도는 인생을 바꾸는 큰 전환점을 만들어주기도 한다. 성악가 최승원의 이야기나 언어의 장벽을 극복한 내 경험을 봐도 이는 충분히 증명할 수 있다. 콤플렉스를 에너지로 바꾸는 것은 다른 누군가는 절대 할 수 없다. 나 스스로가 지금까지의 관점을 바꾸고 행동으로 옮겨야 한다. 그리고 이것이 바로 나를 표현하는 한 줄을 만들기 위해 가장 먼저 가져야 할 마음가짐이다.

●

'주인처럼'이 아니라 '주인으로'

사람들은 흔히 '주인처럼 일하라' 또는 '주인처럼 생각하고 행동하라'고 말한다. 하지만 이 말은 내가 주인이 아니라는 가정이 깔려 있다. 내가 기획하고 내가 수행하는 콘텐츠에 대해서는 분명히 더 몰입하게 되고 더 재미있게 일하기 때문에 더 큰 성취감을 느끼게 된다. 내가 회사의 주인은 아니지만, 실제로 내가 맡은 일에서는 주인이 될 수 있는 것이다.

스티브 잡스는 2005년 스탠퍼드 대학의 졸업식 연설에서 "다른 사람들의 삶을 사느라 시간을 낭비하지 말라"라고 조언한 바 있다. 그렇다고 직장을 그만두고 자기 일을 해야만 한다는 의미는 아니다. 그저 월급쟁이로서 상사가 시키는 일만 수동적으로 하는 평범한 직장인이 아니라 자신이 맡은 일에서는 사장의 마음가짐을 가지고 주도적으로 행동해야 한다는 말이다. 우리는 사회라는 거대한 기계의 부속품이 아니다. 인생의 조연은 더더욱 아니다. 한 번뿐인 인생에서 우리는 어떻게든 주인공으로 살아야 하지 않겠는가?

자동사형 인간 vs. 타동사형 인간

'사장처럼'이 아니라 사장으로 일하는 사람을 '자동사형 인간'이라고 부른다. 스스로 의미를 완성하지 못하고 목적어를 필요로 하는 타동사와 달리, 자동사는 스스로 온전하게 의미를 전달하고 문장에서 주도적인 역할을 한다는 측면에서 사장으로 일하는 자기 주도적인 사람과 같다.

그렇다면 왜 자동사형이어야 할까? 그것은 바로 예측 가능성 때문이다. 내가 판단하고 내가 주도할 수 있는 상태에서는 현재와 미래의 가능성을 고려하고 스스로 판단해 결정할 수 있다. 그러나 타동사형은 뒤에 어떤 목적어가 올지 예측할 수 없다. 예측할 수 없기 때문에 수동적으로 될 수밖에 없는 것이다. 변화와 혁신을 추구하는 우리가 타동사형 인간에서 자동사형 인간으로 변화해야 하는 이유다.

총각네 야채가게 이영석 대표는 《인생에 변명하지 마라》 북포럼에서 자신의 젊은 시절 경험들을 소개했다. 그는 치킨 집에서 닭 씻는 아르바이트를 한 적이 있다고 한다.

"식당 구석에서 닭의 잔털을 뽑는 일이었어요. 거기서 같이 일하던 어떤 아저씨는 음식을 다루는 곳에서 담배도 버리고 정말 지저분하게 일했죠. 하지만 전 거기서 그분과는 다르게 일했어요. 위생적으로 닭 털을 뽑으려고 제 돈으로 장화도 사고 장갑과 솔도 샀어요. 어떻게 보면 닭 씻는 일은 비전이 없어 보이죠? 그런데 전 비전이 있다고 생각했어요. 그냥 허드렛일이 아니라 닭을 도축하고 요리하고 판매하는 시스템을 배울 수 있잖아요. 퀵서비스를 해도 마찬가지고 식당 서빙을 해도 마찬가지예요. 조만간 여기를 내가 인수한다는 마음으로 일하면 남들보다 두드러질 수밖에 없어요. 그때 그 치킨 집을 그만둔다니까 매니저가 월급을 3배 더 줄 테니 계속 같이 일하자고 하더라고요."

어떤가? 아직도 닭의 잔털을 뽑는 게 단순한 아르바이트에 하찮은 일로 생각되는가? 모든 일을 자신의 미래 경영 수업 중 하나라고 생각하면 닭 털을 씻는 일조차 가치 있는 일로 바뀌는 것이다.

일에 대한 철학을 가져라

성공하는 사람들의 또 다른 특징 중 하나는, 그들은 자신들이 하는 일의 외형적인 모습이 아니라 그 일의 본질인 내적 속성에 집중한다는 사실이다. 이는 한 줄 콘셉트의 특성 중 하나인 가치성과도 관계가 깊다. 즉 자신의 일을 통해 사회에 어떤 가치와 의미를 창출할 것인지를 고민한다는 것이다. 사례를 통해 일의 내적 속성 추구에 대해 생각해보자.

같은 시기, 같은 지역에 냉면집을 오픈한 두 명의 젊은이가 있었다. 그들의 이름은 김철수와 이영희다. 두 사람의 식당 모두 한동안 손님도 많고 잘되는 듯싶었다. 그런데 어느 날 갑자기 IMF 구제금융이나 리먼 브라더스 사태 같은 예상치 못한 불황이 닥쳤다. 당장 손님은 줄고 매장 운영비를 대기도 힘든 상황이 되었다.

먼저 김철수 사장은 냉면 재료에 들어가는 소고기를 한우에서 호주산으로 바꾸고, 김치도 중국산으로 바꿨다. 물론 원산지 표시는 한우와 국내산으로 표시했다. 뿐만 아니라 음식에 들어가는 양념 재료들도 조금씩 줄이고 좀 오래된 것들로 요리를 하기 시작했다.

반면 같은 상황에 처한 또 다른 젊은 요리사 이영희 씨는 매장 운영에 어려움을 겪으면서도, 원산지를 속이거나 음식 재료를 줄이는 꼼수를 부리지 않았다. 오히려 더 좋은 재료를 사용하면서 손님들에게 어떻게 하면 더 맛있는 요리를 대접할 수 있을까를 고민했다. 손님들에게 음식 맛이 어떤지 일일이 피드백을 받았고, 영업 시간이 끝난 후에도 혼자 늦게까지 남아 더 맛있는 육수 맛을 내기 위해 연구에 몰두했다. 냉면 가격을 좀 올릴까, 음식 재료를 좀 싼 걸 쓸까 고민도 됐지만, 젊은 요리사는 당장의 이득보다는 더 맛있는 요리에 집중하기로 했다.

김철수 사장은 운영비를 줄임으로써 경제적인 마진을 챙겼다. 그런데 시간이 갈수록 손님이 점점 줄었다. 1년 후 국내 경제는 차츰 회복되었지만, 매장의 경영 상황은 나아지지 않았고 결국 권리금도 제대로 못 받고 문을 닫고 말았다. 반면 이영희 요리사의 경우 처음에는 수익이 나지 않아 큰 고생을 해야만 했다. 그런데 시간이 지나면서 점점 손님들이 몰려들기 시작했다. 좋은 음식 재료로 독특하면서도 맛있는 육수 맛을 내는 식당이라는 소문이 퍼지기 시작한 것이다. 이후 경기가 좋아졌을 무렵에는 손님들이 문 밖에 줄을 서서 기다릴 정도였다. 사람들은 맛있고 건강에도 좋은 음식을 먹기 위해 기꺼이 지갑을 열었다.

두 사람의 사업이 정반대의 결과가 된 이유는 무엇일까? 바로 '일의 내적 속성' 추구에 그 답이 있다. 김철수 사장은 오직 수익 창출을 목표로 일한 반면, 이영희 요리사는 '더 맛있고 더 몸에 좋은 요리'를 손님들이 즐기게 하겠다는 데 목표를 두었다. 다시 말해 요리 자체에 집중한 것이다.

요리의 본질은 '맛있고 몸에 좋은 것'이다. 모든 사업은 이윤 창출을 목적으로 하기 때문에 얼마나 많이 팔까, 얼마나 많은 마진을 남길까를 고민하는 것은 어찌 보면 당연하다. 그러다 보니 식당을 알리기 위해 광고 전단지를 돌리고 값싼 요리 재료를 사용하는 곳도 많다. 하지만 기억하시라. 고객들의 관심은 오로지 음식의 맛에 있다. 김철수 사장이 이윤 추구의 길을 택했다면 이영희 씨는 요리사의 길을 택했다. 철저히 일의 본질을 추구한 결과 손님들의 반응이 폭발적으로 나타났다. 뿐만 아니라 맛있는 요리를 만드는 일에 집중한 이영희 씨는 더 큰 행복감을 느끼게 되었다.

자기가 하는 일 자체의 내적 속성을 추구하는 것은 곧 일을 통해 행복을 추구하는 것과 같은 결과를 낳게 된다. 이영희 요리사처럼 지식 경험 노동자들도 자신이 하는 일에서 뚜렷한 철학을 가져야 한다. 일에 대한 철학이 있어야 환경 변화에 쉽게 흔들리지 않는다. 노하우와 스킬은 그다음 문제로, 시간과 경험이 해결해준다.

《육일약국 갑시다》의 저자 김성오 메가넥스트 대표는 본인이 시작한 약국에서 약을 파는 대신 마음 서비스를 팔았다. 어떻게 하면 더 많은 손님을 끌어 모을까를 고민하기보다는 손님이 나를 통해 만족했을까를 최우선의 관리 목표로 두었다고 한다. 그는 "돈을 직접 잡으려고 하면 멀어지지만, 사람의 마음을 잡으면 스스로 다가옵니다"라는 철학으로 약국을 찾는 고객들을 감동시키기 위해 온갖 노력을 다했다. 그 결과 마산에서 이름만 대면 누구나 아는 유명한 약국이 되었다고 한다. 성공은 오늘 왔다가 내일 떠날 수 있지만, 사람의 가치와 철학은 훨씬 오래가고 많은 사람들을 행복하게 할 수 있다.

어제의 나와 경쟁하라

사람들은 남과 비교하기를 좋아한다. '저 사람은 잘나고 똑똑한데 난 이게 뭐지?', '저 사람은 어떻게 저렇게 돈을 많이 번 걸까?' 이런 식으로 남과 나를 비교하기 시작하면 점점 더 불행해질 뿐이다. '나도 노력해서 저 사람처럼 되어야겠다'라고 생각하기보다는 자신의 처지를 비관하거나 성장 가능성을 한계 지을 뿐이다. 린다 그래튼은 《일의 미래》에서 건강과 행복에 영향을 미치는 요인은 절대소득Absolute Income이 아니라 같은 회사, 같은 지역 내에서의 소득 격차가 훨씬 더 큰 영향을 미친다고 했다. 남들과의 비교는 불안감을 증폭시키고, 스스로의 무능함에 대한 수치심을 키운다는 것이다.

우리가 행복하게 성장하며 살아가기 위해서는 남이 아니라 자기 자신을 비교 대상으로 삼아야 한다. 즉 과거의 내 모습, 현재와 미래의 내 모습에서 실패와 성장의 교훈을 찾아야 한다. 우리는 어제보다 나은 오늘을 살아야 하고, 오늘보다 내일 더 성장해야 하기 때문이다.

'빙산의 일각'이라는 말이 있다. 우리 눈에 보이는 빙산은 극히 일부에 지나지 않으며, 오히려 바다 밑에 숨겨진 우리 눈에 보이지 않는 부분이 훨씬 크다는 뜻이다.

빙산의 전체를 가늠하기 위해서는 두렵지만 깊은 심해로 뛰어들어야만 한다. 그런 측면에서 빙산은 마치 우리 인간의 모습과 닮아

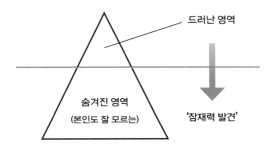

인간의 잠재력

드러난 영역

숨겨진 영역
(본인도 잘 모르는)

'잠재력 발견'

있다. 내가 알고 있는 내 모습은 단지 빙산의 일각에 지나지 않는다. 자신만의 한 줄 콘셉트를 개발하고 끊임없는 변화와 혁신을 추구하는 과정에서 자신도 몰랐던 숨겨진 잠재 가능성을 발견하게 되는 것이다. 자, 두려워 말고 저 넓고 깊은 가능성의 바닷속으로 뛰어들어보자.

대시해야
성과가 나온다

콘셉트 인사이트 2

대시

한 줄 콘셉트를 완성하기 위해 필요한 핵심 요소 중 하나인 '대시^{Dash}'는 자기 변화와 성장
의 필수적인 활동이다. 인간의 나약함은 본능적으로 리스크를 피하도록 만든다. 그러나 아
이러니하게도 유한한 인간의 생명력은 리스크가 주는 두려움을 넘어서 더 많은 것들을 시
도할 수 있는 용기를 주기도 한다. 즉 두려움이 용기로 바뀔 수도 있다는 말이다.

실패를 두려워해 아무것도 시도하지 않는다면 결국 변하는 것은 아무것도 없다. 어차피 시
간은 누구에게나 똑같이 주어진다. 그 시간 속에서 후회하지 않으려면 어떻게 해야 할까?
고민하지 말고 무엇이든지 시도하자. 그런 다음 후회해도 결코 늦지 않다. 머물 것인가, 앞
으로 나아갈 것인가? 우리의 선택이 남아 있을 뿐이다.

●

생각하는 사람은
실행하는 사람을 이길 수 없다

자신의 한 줄 콘셉트를 완성하기 위해서는 결국 일상에서 끊임없이 실행하면서 부족한 부분을 개선해야 한다. 하지만 많은 사람들이 하고 싶은 일들을 머릿속에 담아만 두고 실제로 실행하지 못하고 있다. 도대체 우리는 왜 실행하는 것을 꺼리는 것일까? 행동 유발의 동기가 부족하기 때문일 수도 있고, 습관화된 몸을 움직이기엔 관성의 법칙이 너무 큰 탓일 수도 있다. 더 큰 이유는 실패에 대한 위험 부담을 회피하고자 하는 인간의 본능 때문일 것이다.

위험 요인을 최소화하기 위해 우리는 완벽한 플랜Plan에 집착하는 듯하지만, 역설적이게도 완벽한 플랜을 명목으로 오히려 위험을 회피하고 있는지도 모른다. 그러나 오늘날과 같은 불확실성의 시대에서는 시장에 대한 완벽한 예측이 거의 불가능하기 때문에 차라리 끊임없이 실행하면서 수정하고 보완하는 편이 성공 가능성을 높이는 방법이다.

오늘날 많은 기업들이 좋은 아이디어를 내기 위해 머리를 싸매고 있다. 어떻게 하면 시장에 존재하지 않는 차별화된 제품이나 서비스를 만들어낼 수 있을까를 고민한다. 하지만 실제로 시장에서는 좋은 아이디어가 부족하다기보다는 그 아이디어를 어떤 방법으로 얼마나 빨리 출시하는지가 더 중요할 수 있다. 아이디어를 완벽하게 구현해야 한다는 강박관념으로 인해 시간을 허비하고, 전략을 구실로 아이디어의 탁월함Edge을 깎아버리는 경우가 비일비재하다. 결국 아이디어 싸움이 아니라 신속한 실행의 싸움인 것이다. 이러한 실행의 딜레마는 기업 환경에서 생각만큼 쉽게 해결하기 어렵다. 이해관계가 그물망처럼 얽히고설킨 상호연결의 기업 시스템은 신속한 실행을 어렵게 만들기 때문이다.

카카오톡 이석우 대표는 〈비즈&라이프〉 인터뷰에서 자사 서비스의 성공 요인 중 하나로 '스피드'와 '오픈 이노베이션Open Innovation'을 꼽았다.

"초창기엔 완벽을 기하기 위해 1년씩 준비하다가 출시 타이밍을 놓치면서 대부분 실패하고 말았죠. 그래서 '최소 인력으로 최단 기간에 런칭하자'라는 원칙을 갖게 됐어요. 카카오톡도 기획자와 개발자, 디자이너 등 네 명이 두 달간 작업해서 만들었어요."

부족한 부분은 시장의 실제 사용자들에게 물어보면서 그들과 함

께 개선했다. 준비-조준-발사가 아니라 준비-발사-조준의 전략이
통했다는 것이다.

이처럼 개인이든 조직이든 완벽한 플랜으로 시간을 허비하기보다
는 과감하고 신속한 실행 속에서 답을 찾는 '경험 학습Learning by doing'
의 자세가 필요하다. 생각하는 사람Thinker은 실행하는 사람Doer을 이
길 수 없다는 사실은 자기 혁신과 변화를 꿈꾸는 사람에게는 너무
나도 중요한 명제이기도 하다.

최근 우리 사회는 인문학의 시대라고 해도 과언이 아닐 정도로 사
람들은 인간의 본성을 깨닫고 삶을 깊이 있게 통찰하는 법을 배우
려고 한다. 연세대 김상근 교수는 인문학을 "인간의 변하지 않는 가
치를 성찰하고 그것을 탁월함으로 실천하는 것"이라고 정의했다. 많
은 사람들이 인문학을 문사철文史哲의 지식 체계라고 생각하지만, 사
실은 앎을 아는 것에 그치지 않고 삶 속에서 실천하는 것이 인문학
임을 강조했다.

김상근 교수의 말처럼 사람의 진정한 가치는 얼마나 많은 지식 체
계를 보유하고 있느냐가 아니다. 아주 사소한 것 하나라도 아는 것
을 행동으로 옮길 때 비로소 밖으로 드러나는 법이다. 아무리 많이
배우고 풍부한 지식을 습득하더라도 그 사람에게서는 빛이 나지 않
는다. 그러나 행동하는 사람은 눈빛이 다르고 얼굴에 생기가 넘쳐흐
른다. 내가 만나본 50명의 혁신 고수들은 하나같이 마음먹은 것을
반드시 행동으로 옮기는 실천가들이었다.

우물쭈물하다가 내 이럴 줄 알았지

사람은 나이가 들면 누구나 과거를 추억하며 살아간다. 지난날들을 그리워하기도 하고, 또 많은 것들을 후회하기도 한다. 그런데 문제는 자신이 했던 일을 후회하기보다는 오히려 용기를 내서 시도해 보지 못한 것들에 대해 더 많이 아쉬워한다고 한다.

버나드 쇼의 묘비에는 이런 글귀가 새겨져 있다. "우물쭈물하다가 내 이럴 줄 알았지." 너무나 공감 가는 말이다. 그렇게 많은 업적을 이룬 사람들조차도 죽을 때 자신의 인생에서 머뭇거리다가 도전의 기회를 놓쳐버린 아쉬움을 갖는다니 놀라울 따름이다. 결국 '나중에'가 아니라 '바로 지금' 행동으로 옮기는 것이 중요하다. 어제도 내일도 아닌 바로 지금 행동해야 한다.

비타민하우스 김상국 대표는 〈꿈을 만드는 토크쇼〉 강연에서 비타민하우스 제휴 약국을 늘리기 위해 회사 직원들과 고민하던 이야기를 들려주었다. 비타민하우스를 홍보하기 위해 다방면으로 고민할 무렵, 주로 하던 홍보 방법은 약국 유리창에 포스터를 붙이는 게 고작이었다. 그런데 어느 날 한 직원이 아이디어를 냈다.

"차라리 약국 간판에 우리 비타민하우스 브랜드를 넣으면 어떨까요? 우리 제품이 좋으니까 서로 윈윈할 수 있을 것 같은데요?"

사람들은 대부분 그게 과연 가능할까 의아해했다. 사람들의 우려 속에 홍보가 시작되었는데 결과는 뜻밖이었다. 3년 만에 900개의 약국 간판을 교체했다. 최근에는 오히려 약국에서 간판을 달자고 먼저 연락이 올 정도라고 한다. 김상국 대표는 실천의 중요성에 대해 이렇게 말한다. "사람들은 해보지 않고서 먼저 안 되는 이유를 찾습니다. 그러나 해보지 않은 것일 뿐 실제로 해보면 결과는 다르게 나타나는 경우가 훨씬 더 많습니다."

비록 무모해 보이는 것이라도 우물쭈물하지 말고 일단 도전해보는 자세가 중요하다. 그러다 보면 오히려 기대했던 것 이상의 좋은 결과를 얻을 수 있을 것이다.

두렵다―들이댄다―후회없다

나는 한동안 어떤 일을 시도하기도 전에 미리 '안 되면 어떻게 하지?' 하며 걱정하곤 했다. 특히 내가 아닌 다른 사람에 의해 결론이 지어진 사안에 대해선 더욱 그랬다. '저 낯선 외국인에게 난처한 부탁을 하면 들어줄까?', '내가 이런 제안을 하면 상무님이 받아들일까?' 이런 생각으로 망설이다 타이밍을 놓칠 때도 많았다. 그리고 시간이 지나면 '아, 말이라도 꺼내볼걸' 하며 후회하곤 했다.

아마 그때의 감정 패턴은 '두렵다―포기한다―후회한다'일 것이다. 결국 후회하는 것으로 끝나는데, 상대방의 반응을 왜 내가 미리 판단한단 말인가? 나는 내가 할 일만 하면 되고, 거절할 것인지 받아

줄 것인지는 상대방의 몫인데 말이다.

우리는 일단 들이대야 한다. 그렇게 하면 상황은 '두렵다−들이댄다−후회없다'로 확 바뀐다. 비록 결과가 나쁘더라도 결국 '후회없다'로 결론이 날 테니 한번 도전해볼 만하지 않을까?

한국인재인증센터 송수용 대표는 SK강연에서 "우리는 어떤 일을 대할 때 해보지도 않고 안 될 것 같다는 생각부터 합니다. 안 되는 게 아니라 안 해본 것뿐입니다"라고 말했다. 그러면서 본인이 기획이사로 근무했던 대형 한우전문점 강강수월래에서 한 여직원을 〈전국노래자랑〉에 출연시켰던 일화를 소개했다. 2003년 광우병 파동 이후 강강수월래는 거의 문을 닫을 지경에 이르렀다. 회사를 살리기 위해서 그는 이것저것 안 해본 일이 없다고 한다.

2005년 봄, 〈전국노래자랑〉이 그 지역에서 개최된다는 소식이 들렸다. "〈전국노래자랑〉이라는 소리를 듣는 순간 절호의 찬스가 왔다고 직감했습니다. 마치 〈전국노래자랑〉이 나와 우리 회사를 위해 노원구로 찾아온다는 생각이 들더라고요"라며 그는 그때의 느낌을 전했다. 회사 내 수많은 직원들 중에 끼 있고 노래 잘하는 사람을 뽑기 위해 사내 장기자랑 대회를 열었다. 그리고 홀에서 서빙 업무를 보는 젊은 여직원이 〈전국노래자랑〉 본선에 출전해 당당히 최우수상을 받았다. 그녀는 상반기 결선에서도 인기상을 거머쥐었다. 회사 이름을 전국 방송에서 돈 한푼 안 들이고 알린 것이다.

강원도 삼척이 고향인 여직원 역시 본인이 그런 끼와 능력을 가지고 있는지 전혀 몰랐다. 그런데 〈전국노래자랑〉 도전을 통해 스스로의 잠재력을 새롭게 발견하게 되었다. 송수용 대표는 그렇기 때문에 DID^Do It, Done, 즉 '들이대' 정신이 필요하다고 강조한다.

"많은 사람들이 세상을 살면서 난 이런 사람이야, 라고 스스로를 규정 짓고 살아갑니다. 그러나 그런 고정관념으로 인해 딱 그만큼까지만 할 수 있는 겁니다. 새로운 시도를 하지 않으면 결코 그 이상을 뛰어넘을 수 없습니다. 그러니 과감하게 들이댑시다."

누구의 인생이든 세 번의 기회가 온다고 한다. 아니다. 기회는 세 번이 아니라 수십 번, 수백 번 오지만 애써보지 못할 뿐이다. 안전지대에 있으면 한 번도 제대로 기회라는 놈을 만날 수 없다. 나쁜 일이 아니라면 들이대고 사고도 치자. 뒤늦게 후회하지 않으려면.

리스크는 기회와 함께 온다

　개인이든 조직이든 변화와 혁신을 추구할 때 언제나 그림자처럼 따라붙는 것이 있다. 바로 리스크^{Risk}다. 특히 변화에 대한 강한 요구가 없는 상태에서는 분명 그에 대한 책임이 따르게 마련이다. 하물며 현재의 자기 성과나 역량에 충분히 만족할 때는 그런 위험을 감수하면서까지 스스로 변화와 혁신의 길을 택하는 이는 많지 않다. 이는 조직이든 개인이든 모두 마찬가지다.

　인간은 수십만 년에 걸쳐 자연계의 위험 요소로부터 스스로를 안전하게 보호하며 생존해왔다. 선사 시대의 산과 들에서도 그랬고, 봉건사회의 삶 속에서도 위험을 회피하며 인류는 인구수를 늘릴 수 있었다. 하지만 좀 더 자세히 들여다보면, 인류가 이렇게 멋진 문명을 이룰 수 있었던 것은 보통의 위험 회피자들과 달리 위험을 감수하고 새로운 환경 변화에 도전하는 부류의 사람들이 있었기 때문이었다. 맹수들이 우글거리는 들판까지 나아가지 못하던 마을 사람들 중에 누군가는 돌을 갈아 창을 만들어 위험한 들판으로 달려나갔고 맹수 잡는 법을 터득했다. 또 어떤 이들은 억눌린 자신의 신분의 한계를 벗어나 큰 성과를 이루기도 했다. 역사는 그렇게 불확실성이 주는 두려움에 끊임없이 도전하는 사람들에 의해 진화하고 발전해 왔다.

오늘날을 살아가는 현대인들에게 변화와 혁신의 리스크는 과거보다 오히려 더 크다고 해도 과언이 아니다. 왜일까? 스스로 마음가짐을 다잡고 모든 것을 바꾸면 되지 않을까 하고 생각할 수도 있겠지만 현실은 그렇게 간단하지 않다. 그 이유는 현대사회 구조의 상호 연결성Correlation과 책임의 문제에 기인한다. 우리 개개인의 삶은 혼자만의 것이 아니다. 책임져야 할 가족이 있고, 일하는 직장에서의 역할이 있으며, 가입된 동호회에서의 내 위치 등과 같이 '나'라는 존재는 대부분의 경우 사회구조에 철저히 연결되어 있다. "인간은 사회적 동물이다"라고 말한 아리스토텔레스의 말처럼 어느 누구도 혼자서 살아갈 수 없는 법이다.

이런 상호 연결 구조에서 개인이 새로운 변화를 시도한다면 분명히 이해관계자들에게 크고 작은 영향을 줄 수밖에 없다. 가족이나 동료들조차도 나의 변화 추구로 인해 직접적인 영향을 받게 된다.

예를 들어보자. 직장인 김철수 씨는 매일 7시면 퇴근해 집에서 세

살 난 아들을 돌봐주고 집안일도 도와주는 가정적인 남편이자 자상한 아빠다. 그런데 어느 날 자기계발에 대한 필요성을 느끼고, 퇴근 후 영어회화 학원을 다니기로 마음먹었다. 그래서 아내에게 이런 계획을 얘기하고 당장 내일부터 학원을 다닌다고 이야기한다. 물론 아내는 직장생활에서 끊임없이 자기계발을 해야 한다는 사실에 공감을 하지만, 앞으로 남편의 퇴근 시간이 10시쯤 된다는 사실에 걱정이 앞선다. '앞으로 저 많은 집안일을 나 혼자 다 해야 한단 말인가? 세 살 난 아들은 한참 사고를 치는 나이라 여간 힘든 게 아닌데…….'

남편 역시 미안한 마음이 든다. 집에 돌아오면 잠든 아이와 지친 아내를 볼 때마다 주말에는 더 열심히 아이랑 놀아줘야겠다고 마음먹는다. 회사에서도 동료들은 일하고 있는데 늘 먼저 퇴근하는 게 눈치가 보이던 터라 한 달 만에 영어 학원을 포기할까 심각하게 고민하기에 이른다.

이렇게 생활의 작은 변화는 관련되어 있는 많은 것들에 영향을 미친다. 하물며 그 변화의 정도가 심각하게 큰 것이라면 그 영향력은 얼마나 커지겠는가? 실패에 대한 부담감 또한 커지는 것은 두말할 필요도 없다. 그래서 우리는 새로운 변화와 혁신을 갈망하면서도 그러한 상호 관계 속에서의 책임감 그리고 실패에 대한 두려움 때문에 앞으로 나아가지 못하고 여전히 제자리에 머무르고 있다.

그렇다고 언제까지 리스크 때문에 변화와 혁신을 시도조차 하지 않을 것인가? 물론 새로운 시도의 성공 확률보다 실패 확률이 높은 것은 누구나 아는 사실이다. 그러나 한두 번 시도하는 데 그치지 않고 지속적으로 시도하다 보면 성공 확률은 높아질 수밖에 없다. 서울대 경영대학 황이석 교수는 기업의 혁신 시도와 관련한 강의에서 이렇게 말했다.

"기업들이 새로운 사업을 벌이는 경우 성공 확률은 10퍼센트를 넘지 않습니다. 하지만 위험을 안고 시도하지 않는다면 단기적으로는 안전할지 몰라도 5년 정도의 장기적 관점에서 보면 확실히 위험해질 것입니다. 결국 새로운 사업을 자꾸 시도하다 보면 기업의 위험 정도는 평균으로의 회귀 현상에 의해서 점차 낮아지게 됩니다."

개인의 변화 추구도 같은 원리가 작용한다. 현재의 안정성은 당장은 편안함을 주지만 미래의 안정성까지 담보하지는 않는다. 우리는 위험 부담이 있더라도 장기적 관점에서 지속적으로 새로운 변화를 시도해야만 한다.

F1 우승자는 코너에서 속도를 낸다

개인이든 조직이든 변화와 혁신을 실행으로 옮길 때 리스크는 반드시 따르게 마련이다. 하지만 보다 중요한 것은 이러한 리스크를 어떻게 컨트롤하는가다. 여기서 말하는 리스크 통제Risk Control는 위험을 회피하는 것이 아니라 리스크를 미리 예측하고 최대한 자신에게 유리하게 활용할 수 있는 역량이나 스킬을 의미한다.

위험은 예측한 순간에는 찾아오지 않는다. 오히려 마음 놓고 방심한 순간 갑자기 찾아오는 법이다. 위험을 예측할 수 없으면 컨트롤할 수 없고, 컨트롤할 수 없으면 대처할 수도 없다. 이는 개인과 조직 모두에 적용되는 리스크 예측의 원칙이라고 할 수 있다.

리스크와 관련해 또 다른 중요한 사실이 있다. 위험은 항상 기회를 동반한다는 것이다. 우리는 살아가면서 위험이라는 요소를 직면할 때 대부분 그것을 피해가거나 최대한 빨리 벗어나기 위해 안간힘을 쓴다. 그러나 위험의 순간은 잘만 활용하면 남들보다 앞서 나아갈 수 있는 기회로도 작용한다. 위험은 모두에게 똑같이 찾아오지만 함께 오는 기회를 제대로 활용하는 것은 소수에 불과하다.

시속 수백 킬로미터의 속도로 질주하는 F1 레이싱 경기에서 우승권의 선수들은 코너에서 오히려 속도를 내면서 밀어붙인다고 한다. 코너라는 위험의 시간과 공간을 앞으로 치고 나갈 수 있는 기회로 활용하는 것이다. 반면 대부분의 평범한 선수들은 코너를 리스크로 인식하기 때문에 본능적으로 속도를 크게 줄인다.

미국의 케네디 대통령은 위기 대처와 관련해 다음과 같은 말을 남겼다.

"중국인은 '위기'를 두 글자로 씁니다. 첫 자는 위험의 의미이고 둘째는 기회의 의미입니다. 위기 상황에서는 위험을 경계하되 기회도 함께 있음을 명심하시기 바랍니다."

미래학자 최윤식 박사 역시 오늘날과 같은 급격한 변화의 시대에는 리스크의 큰 파도가 오고 난 후 기회의 파도가 오는 것이 아니라 리스크와 기회가 하나의 파도에 동시에 존재한다고 강조했다.

내면 깊은 곳으로부터의 소리에 귀 기울여보자. 변화는 늘 두렵고 불편하다는 사실을 우리는 너무도 잘 알고 있다. 그래서 스스로 내면에서 들려오는 변화의 목소리를 외면하고 있는지도 모른다. 그리고 안정과 정착이야말로 최선의 가치라고 믿고 있지 않은가? 그렇다면 다시 한 번 귀 기울여보자. 스스로의 변화에 대한 갈망의 목소리가 들려올 것이다. 우리는 변화하기 위해 그리고 끊임없이 달려가기 위해 태어났으니까.

●

실패는 없다, 포기만 있을 뿐

　물은 99도까지 아무런 변화를 보이지 않다가 100도가 되는 시점부터 갑자기 끓기 시작한다. 이러한 과학적 개념을 '임계질량Critical Mass, 크리티컬 매스'이라고 부른다. 내가 만나본 50명의 고수들은 모두 평범한 사람들이다. 아인슈타인이나 피카소 같은 타고난 천재는 없다. 그렇지만 그들은 모두 마지막 1도의 비밀을 아는 사람들이다.

　백지연 아나운서는 자신의 저서 《크리티컬 매스》에서 자신이 원하는 변화를 만들어내기 위해서는 자기 안의 화산을 폭발시킬 크리티컬 매스가 필요하다고 강조하고 있다. 크리티컬 매스에 도달하기 전까지는 눈에 보이는 변화가 일어나지 않기 때문에 중도에 포기하게 된다는 것이다.

　그렇다. 물이 끓는 시점이 100도라는 사실은 누구나 알고 있다.

그래서 우리는 어느 정도의 시간까지 기다리면 될지 예측할 수 있기 때문에 인내를 가지고 기다릴 수 있다. 불이 약하다 싶으면 불의 세기를 조절할 수도 있다. 그러나 우리가 원하는 삶의 목표는 어떠한가? 삶의 목표에서 크리티컬 매스는 모두 다르다. 아쉽게도 우리는 인생의 크리티컬 매스가 언제인지 알 수 없다. 그렇기에 오랫동안 꿈꿔온 것들을 어느 순간 너무나도 쉽게 포기해버린다. 그런데 만약 그 꿈과 목표를 위한 우리의 노력들이 99도까지 갔었다면 어떨까? 불과 마지막 1도를 남겨두고 그냥 포기해버렸다면 얼마나 억울하고 후회스러운 일일까? 조금만 더 해봤더라면 하고 아쉬움만 남을 것이다.

내 심장의 크리티컬 매스

C&A 엑스퍼트의 김경태 대표는 자신의 프레젠테이션 강의에서 세계적인 테니스 선수인 마르티나 나브라틸로바의 사례를 들려주었다.

마르티나 선수는 18회 그랜드 슬램을 달성했고, WTA 167회의 우승을 차지한 독보적인 여자 테니스 선수다. 어느 날 경기에서 승리한 그녀에게 한 기자가 물었다. "당신의 승리 비결은 무엇이라고 생각합니까?" 마르티나 선수는 이렇게 대답했다.

"지금까지 모든 경기를 돌이켜보면, 이른바 위닝 샷Winning Shot, 결정적타구이 있었습니다. 그 한 타구로 인해 경기의 흐름이 바뀌는 거죠. 그런데 그렇게 중요한 타구들은 제가 평소에 수백 번도 더 연습했던 타구들이었습니다. 그게 제 성공 비결입니다."

물론 체질적으로 뛰어난 선수였음에 틀림없지만, 분명한 것은 마지막 1도를 넘기기 위해 그녀는 수백 번, 수천 번을 더 연습했다는 것이다.

나는 강의가 끝나고 김경태 대표에게 찾아가 평소 내가 가지고 있던 고민에 대해 질문했다. "대표님, 어떻게 하면 PT를 잘할 수 있을까요? 저는 남들 앞에만 서면 자꾸만 가슴이 쿵쿵거리고 얼굴이 빨갛게 달아올라 견딜 수가 없습니다. 이걸 고칠 수 있는 방법은 없을까요?" 이에 김경태 대표는 이렇게 대답했다.

"지금까지 저는 PT만 오랫동안 연구해왔습니다. 그런 두려움을 없앨 수 있는 여러 가지 방법들을 알려드릴 수 있지만, 그 방법들은 모두 효과가 크지 않습니다. 제가 생각하는 최고의 솔루션은 결국 연습밖에 없습니다. 당연한 듯하지만, 스스로 생각했을 때 진정으로 연습을 많이 했다면 그런 떨림 현상도 자연스럽게 줄어듭니다."

이런 조언을 들은 지 얼마 지나지 않아 실제로 나에게 아주 큰 프레젠테이션의 기회가 찾아왔다. 회사 내에서 새로운 신규 사업 아이디어를 제안해 100여 명의 사내 평가단 앞에서 가부를 결정하는 사내 벤처 프로그램에 두 명의 동료와 함께 지원한 것이다. 평가단에는 회사 CEO를 비롯해 수많은 임원들도 포함되어 있었다. 안 그래도 발표할 때마다 늘 가슴이 콩닥거리고 얼굴이 화끈거리는 증상이 있는데, 그냥 다른 선배에게 발표를 미룰까도 생각해봤다. 하지만 평소에 낯선 환경에 나를 노출하자는 신조를 가지고 있었으므로 한번 들이대보기로 했다.

발표 당일, 나는 마지막 발표인 아홉 번째였다. 그런데 일곱 번째 발표가 끝나갈 무렵, 어느새 다리가 뻣뻣하게 굳어 있었고 온몸이 덜덜 떨리기까지 했다. 사회자의 마지막 발표자 호명이 있었고, 나는 벌떡 일어나 무대에 섰다. 아니, 그런데 이게 웬일이지? 오히려 무대에 서니 흥분이 가라앉는 게 아닌가? 사람들의 시선도 하나하나 들어왔다. 맨 앞에 사장님도 보였다. 예정에도 없던 질문을 사장님에게 던지기도 했다. 준비된 슬라이드를 크게 떨지 않고 자연스럽게 발표하고 있는 내 모습에 나 스스로도 놀랐다.

그리고 7분쯤 지났을 무렵, 아이디어의 실현 가능성을 보여주기 위해 만든 데모 영상 시연에서 나는 그만 사고를 치고 말았다. 데모 영상에서 흘러나오는 원더걸스의 〈비 마이 베이비〉에 나도 모르게 춤을 추기 시작한 것이다. 모두들 웃고 난리가 났다. 다들 프로페셔널하고 멋지게 보이려는 판에 춤이라니, 전혀 예상치 못한 발표자의 행동에 청중들은 즐거워했다.

결정의 순간, 아깝게 1표 차이로 떨어지고 말았다. 함께한 동료들에게 미안한 마음이 들고 아쉬움도 남았지만, 나는 너무나 큰 감동을 받았다. CEO를 비롯해 100여 명의 평가단 앞에서 확실하게 내

주장을 펼쳤음은 물론, 춤까지 추는 여유를 보였으니 말이다. 게다가 콩닥콩닥 뛰던 심장 소리도 들리지 않았다. 김경태 대표의 조언대로 연습이 답이었다. 사실 나는 10분 발표를 위해 40번도 넘게 연습했다. 다들 퇴근한 사무실에서 며칠 동안 새벽까지 연습했다. 아마도 떨리는 내 심장의 크리티컬 매스는 39번이었을지도 모른다. 마지막 1도의 비밀을 나도 그제야 깨달은 것이다.

아메리카 인디언 주술사인 '레인메이커'. 이들이 기우제를 지내면 반드시 비가 내렸다고 한다. 이들에게 특별한 능력이 있어서 비를 부르는 것이 아니다. 단지 그들은 비가 내릴 때까지 계속해서 기우제를 지낸다. 이들의 성공률이 100퍼센트인 이유다.

마찬가지로 우리는 결코 실패하지 않는다. 단지 임계점을 넘지 못하고 중도에 그만둘 뿐이다.

연습과 자기 단련의 철학과 관련해 나는 개인적으로 무도인 최배달의 스토리를 무척 좋아한다. 그가 살았던 삶의 방식에 대한 평가는 차치하고서라도, 평범한 무도인이 입산 수련을 통해 아무도 대적할 수 없는 최고수로 거듭나게 되었다는 이야기는 누구에게나 희망의 메시지를 준다.

끊임없는 단련, 그것은 둔탁한 무쇠를 날카로운 칼날로 만들어내는 비밀이기도 하다. 이는 무술에만 국한되지 않고 사람이 하는 모든 일에 똑같이 적용될 수 있다. 그는 자신의 철학을 담은 명언들을 많이 남겼는데, 연습과 인내심의 중요성을 강조한 그의 이야기를 들으며 자신의 크리티컬 매스를 찾아보도록 하자.

"어떤 기술에 대해 300번 연습하면 흉내를 낼 수 있고 다른 사람에게 그 기술을 보여줄 수 있다. 3,000번 연습하면 실전에 쓸 수 있는 정도가 되고 평범한 무술인을 상대로 이길 수 있다. 그리고 3만번 연습하면 자신도 모르는 사이에 그 기술로 상대방을 제압하게 된다."

●

생각을 표현하면 행동하게 된다

변화와 혁신은 어디에서 시작되는가? 그것은 내 안의 작은 생각의 씨앗에서 시작된다. 그렇다면 그 씨앗이 싹을 틔우고 쑥쑥 자라나게 하는 힘, 즉 강한 실행력은 어디에서 올까? 생각의 씨앗을 안으로 품지 않고 밖으로 드러낼 때 비로소 열매를 맺게 된다.

생각은 씨앗이며 행동의 결과는 열매라고 했을 때, 말이나 글 같은 표현은 거름을 주는 행위다. 그러니까 좋은 열매로 잘 자라나기 위해서는 씨를 뿌린 후 거름도 주고 물도 줘야 한다는 뜻이다. 마찬가지로 생각의 씨앗을 심고 적극적으로 표현해야만 쉽게 행동이 뒤따르게 된다. 나는 이를 '생각-표현-행동의 긍정 루프 효과'라고 정의한다. 생각을 곧바로 행동으로 옮기는 것은 쉽지 않기 때문에 먼저 밖으로 표현하고 나면 비교적 수월하게 행동의 단계로 넘어갈 수

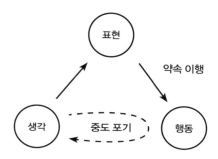

생각 – 표현 – 행동 루프

있다는 원리다.

행동경제학의 창시자인 대니얼 카너먼은 그의 저서 《생각에 관한 생각》에서 점화 효과에 대한 흥미로운 실험 결과를 소개했다. 심리학자 존 바그와 그의 동료들은 학생들에게 Florida플로리다, forgetful건망증이 있는, bald대머리의, gray회색의, wrinkle주름이 지다 같은 단어들을 이용해 문장을 만드는 과제를 주었다. 과제를 마친 학생들은 복도 아래쪽 다른 사무실로 이동시켰다. 그리고 몰래 이동 시간을 측정했는데, 결과는 놀랍게도 노인들을 주제로 한 단어들로 문장을 만든 학생들은 그렇지 않은 학생들보다 훨씬 천천히 복도를 걸어갔다. 이렇게 시각적으로 먼저 제시된 표현에 의해 그다음의 표현이나 행동에 영향을 받는 현상을 '점화 효과Priming effect'라고 한다.

이처럼 어떤 단어를 인식하는지는 사람들의 행동에 큰 영향을 준다. 이 현상을 한 줄 콘셉트의 관점에서 생각해보자. 우리 머릿속의 생각과 느낌, 이미지를 어떻게 그리느냐에 따라 행동 변화도 영향을 받게 된다. 나는 이러한 생각-행동의 관계에서 '표현하기'라는 행위를 추가함으로써 행동 변화가 더욱 가속화될 수 있다고 주장한다. 이런 원리는 내가 만나본 여러 고수들의 강연 스타일에서도 쉽게 발견할 수 있었다. 어떤 강연자는 참석자들에게 자신의 변화된 미래상을 직접 작성하고 여러 사람들 앞에서 발표하도록 했다.

한국웃음센터 한광일 원장도 같은 방식으로 각자의 미래 이미지를 그려보도록 했다. 처음엔 웃음치료사 자격증을 받기 위해 교육에 참석한 사람들이라 모두들 재미있고 유쾌한 사람들일 거라 생각했다. 그러나 그들 중 많은 사람들이 자신의 부정적이고 소극적인 성격을 개조하고 싶은 목적으로 왔다고 했다. 어떤 사람들은 자신의 변화된 모습을 상상하면서 눈물을 흘리는 사람들도 있었다. 그만큼 많은 사람들이 스스로 변화와 성장을 갈망한다. 남들 앞에서 당당하게 자신의 미래를 공표하는 것은 결국 자신과의 약속을 다짐하는 의식적인 행위인 셈이다.

나 역시 다른 사람들 앞에서 내가 원하는 미래의 모습을 밖으로 표출하려고 노력한다. 가까운 지인들에게는 물론, 처음 보는 사람들에게도 부끄러움을 무릅쓰고 자신 있게 내 목표를 말한다. 나는 사내 구성원을 대상으로 한 혁신 방법론의 교육 강사로도 활동하고 있는데, 강사 소개를 할 때도 내 목표를 교육 참가자들에게 선언한다. 예를 들면 "저는 요즘 자기 변화와 혁신에 관한 책을 쓰기 위해 여러 가지 준비를 하고 있습니다. 1년 정도 지나면 서점에서 제 책을 보실 수 있을 것입니다"라고 말한다. 나 스스로의 변화와 혁신의 출발점으로 책을 쓰겠다는 약속을 남들 앞에서 다짐한 것이다.

혼자 결심하면 쉽게 마음을 바꾼다. 그러나 공개적으로 표현하면 그 약속을 지키기 위해 더 노력할 수밖에 없다. 말하는 순간 생각-표현-행동의 긍정 루프가 작동하는 것이다. 표현하기의 강력한 힘을 나는 이 책을 통해 스스로 증명하고 있는 셈이다.

크게 성공하려면 더 많이 실패하라

자신만의 한 줄 콘셉트를 완성하기 위한 실행의 과정에는 늘 실패와 시련이라는 리스크가 있다. 혁신은 '참신한 아이디어+리스크 떠안기Risk Taking+시간'이라는 3가지 요소가 더해질 때 가능하다. 실패의 위험을 떠안을 용기가 있을 때만 새로운 시도를 할 수 있다는 이야기는 너무나 당연해 보이지만, 실제 기업에서도 적용하기란 쉽지 않다. 이 원칙은 기업뿐만 아니라 개인의 콘셉트 개발과 혁신의 영역에도 똑같이 적용된다.

자수성가한 대부분의 사람들은 한결같이 성공하기 전까지 크고 작은 실패와 시련을 수도 없이 겪었다. 김주환 교수는 자신의 저서 《회복탄력성》에서 "바닥을 쳐본 사람만이 더욱 높게 날아오를 힘을 갖게 된다. 이것이 바로 회복탄력성의 비밀이다"라고 했다. 내가 만나

성공과 실패의 스프링

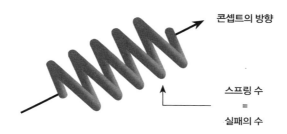

본 50명의 혁신 고수들 역시 수많은 실패를 겪었거나 현재도 그 과정 속에 있는 사람들이다. 그 실패의 경험들은 별도로 사례를 언급할 필요가 없을 정도로 다양하며 또한 절실하다. 나는 이러한 개인의 콘셉트 추구의 성공과 실패 관계를 스프링 이론으로 정리한다.

스프링이 가리키는 방향은 콘셉트의 방향, 그러니까 개인의 변화와 혁신의 방향이며, 스프링의 수는 실패의 횟수다. 용수철의 스프링이 많이 감기면 감길수록 탄성이 높아져 더 높이 튀어 오를 수 있는 것과 마찬가지로 우리가 목표하는 변화와 혁신의 과정에서 겪게 되는 실패와 시련의 횟수가 많으면 많을수록 훨씬 더 높은 곳까지 뛰어오를 수 있는 에너지를 얻게 되는 것이다. 결국 크게 성공하려면 오히려 더 많이 실패해봐야 한다는 말로도 해석이 가능하다.

정철카피의 정철 대표는 "내공은 실패할 때마다 쌓입니다. 3할만 쳐도 대단한데 많은 사람들이 10할을 치려고 하니 시도할 엄두조차 못 내는 것입니다. 3할이면 해볼 만하다고 생각하고 지금 당장 시작해야 합니다"라고 말했다. 그렇다. 7할의 실패가 있어야 3할의 성공도 가능한 법이다.

오늘날 수많은 혁신 기업들이 실패로부터 배우는 교훈을 강조하고 있다. 실패에 따른 책임이 두려워 나도 모르게 뭔가 새로운 일을 벌이고 들이대는 시도를 회피하는 현상은 어떤 조직에서나 나타난다. 말단 직원이나 고위 경영층이나 마찬가지다. 그러나 두 번 다시 반복되지 않는 실패의 교훈을 얻을 수만 있다면 그것은 실패가 아니라 오히려 더 큰 성공을 위한 준비 과정이라는 점은 분명하다. 결국 교훈 없는 실패만이 문제가 될 뿐이다.

일이 잘못되었을 때는 무엇이 잘 되고 무엇이 잘못되었는지 정확하게 진단해야 한다. 흔히 말하는 교훈 Lessons learned 을 명확하게 새겨야 하는데, 대충 "앞으로는 잘합시다"라는 식의 교훈은 시간이 지나면 상황에 따라서 예전처럼 할 수도 있다는 말과 다르지 않다. 다시 말해 비슷한 상황에서 같은 실수를 다시 반복할 가능성이 크다는 얘기다. 따라서 그러한 실수를 줄이기 위해서 우리는 모든 시도를 기록으로 남겨야 하며 주기적으로 되짚어보는 토론의 시간을 가져야 한다.

CHAPTER 04

혁신을 넘어 협신으로

협신

개인의 변화와 혁신은 늘 사회라는 구조 안에서 이루어진다. 사람들과 어울리며 함께 성과
를 이루어내는 사람에게는 혼자 하는 '혁신'이 아닌 함께 하는 '협신協新'의 스킬과 노력이
중요하다. 협업의 대상과 범위 역시 기존의 상식에서 좀 더 확장해 생각해볼 필요가 있다.
주변의 동료나 파트너뿐만 아니라 자신이 관련되어 있는 제품이나 서비스를 이용하는 고객
과 같은 다양한 이해관계자까지 공감과 협업의 대상이 될 수 있다.

속도와 자원의 한계나 경쟁 관계의 현실을 감안하더라도 우리는 나 아닌 다른 사람들과의
협력과 도움을 통해 더 좋은 결과물을 만들어낼 수 있다. 생각의 충돌과 다양성이 주는 창
조적 발상으로 생각하는 것 이상의 효과를 얻을 수 있다. 특히 뭔가 새로운 것을 만들어내
야 하는 지식 경험 노동자들에게 협신은 필수적인 요소다. 협신의 능력은 대부분의 성공한
사람들이나 혁신 고수들에게서 나타나는 공통적인 자세이기도 하다.

함께 일하는 즐거움을 느껴라

나는 이동통신회사와 플랫폼 비즈니스 회사에서 15년째 근무하고 있는데, 입사 초기와 비교하자면 업무 환경과 방식에서 많은 변화가 일어났다. 특히 일하는 방식에서 주목할 점은 혼자가 아니라 누군가와 함께 일한다는 것이다. 과거에는 개인 단위로 목표를 부여받고 혼자 열심히 그 목표를 달성하기 위해 노력하면 됐다. 비록 조직의 이름은 팀이라고 했지만, 실제로 일은 개인 단위로 이루어지는 경우가 대부분이었다. 그러나 언제부터인가 지식 노동 시장의 트렌드가 여러 사람이 함께 모여 프로젝트 과제를 수행하거나 개인 업무를 수행할 때도 동료들과 수시로 소통해야 하는 형태로 변하기 시작했다.

나 역시 현재 몸담고 있는 HCI 팀이라는 혁신 조직에서 꽤 많은 프로젝트들을 수행해왔다. 이곳에서는 짧게는 2개월에서 길게는 3개월 동안 하나의 혁신 주제에 대해 깊이 고민하고, 같은 공간에서 여러 명의 동료들이 함께 결과물을 만들어간다. 기간의 길고 짧음이나 다루는 주제 영역에 관계없이 늘 마주치는 딜레마가 있는데, 그것은 바로 다른 조직이나 나 아닌 다른 사람들과의 협업Collaboration에 관한 것이다. 개인의 콘셉트 개발과 조직의 혁신 과정에서 가장 중요한 요소인 협업은 3가지 영역으로 나누어볼 수 있다.

협업 대상과 가치의 확장

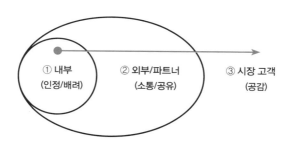

① **내부 구성원 간 인정과 배려** : 같은 조직 내 구성원들은 동일한 목표를 향해 달려가며 가족만큼이나 많은 시간을 함께 보낸다. 그러나 함께 공동의 목표를 추구하는 단위 조직 내에서 우리는 동료들과 늘 보이지 않는 갈등을 겪게 된다. 이를 어떻게 슬기롭

게 극복하고 조화를 이루는가는 일의 성과 측면에서뿐만 아니라 개인의 행복 추구 측면에서도 매우 중요한 문제다.

② **외부와의 소통과 공유** : 함께 일하는 관계 부서나 외부 조직과의 협업은 늘 쉽지 않다. 서로 추구하는 목표와 이해관계가 다르거나 협업을 위한 리소스, 즉 인력이나 예산의 이슈와 같은 현실적인 이유들로 늘 크고 작은 갈등을 겪게 마련이다.

③ **'진짜 고객'과의 공감** : 고객과의 협업은 다소 생소한 영역이다. 하지만 제품이나 서비스를 실제로 사용하게 될 자사의 고객이 진짜 원하는 것이 무엇인지를 제대로 간파하고 제품이나 서비스의 기획−운영−피드백의 과정에 고객의 직·간접적 참여를 유도하는 것은 매우 중요한 일이다. 단지 기술이나 사업적 측면에서 충분한 타당성이 있더라도 실제 시장에서 고객들은 전혀 다르게 반응하는 경우가 너무나 많다. 그렇지만 실제 현장에서는 여전히 기획자나 디자이너의 개인적 경험이나 선호도에 따라 제품이나 서비스가 만들어지는 경우가 비일비재하다.

이처럼 비즈니스 세계에서 협업은 상호간의 부족함을 채워주고 함께 일하는 즐거움을 주는 필수 요소다. 하지만 그만큼 이해관계자나 당사자들의 노력과 희생을 필요로 한다. 누구나 협업의 중요성은 알지만, 실제로 어떻게 협업할 것인가에 대해 깊이 고민하는 사람은 그리 많지 않다. 또 어떻게 협업하는지에 대해 가르쳐주는 사람이나 기관도 찾아보기 힘들다. 모든 성과 창출의 원동력이면서도 가장 어려운 이슈인데도 말이다.

나는 기업의 혁신革新 팀에서 근무한 경험과 혁신 고수들의 이야기를 바탕으로 협신協新, 즉 콜라노베이션Collanovation = Collaboration + Innovation 이라는 새로운 키워드를 도출했다. 콜라노베이션은 개인과 조직의 변화와 혁신에서 그 무엇보다 중요한 이슈이며, 성공으로 가는 가장 확실한 열쇠다. 자, 이제부터 '함께하는 변화와 혁신'의 의미에 대해 살펴보자.

빈 수조 채우기 효과

① 내부 구성원 간 인정과 배려

조직 내에서 긍정적이고 배려심 있는 동료들과 함께 같은 목표를 향해 열정적으로 달려갈 수 있다면 얼마나 좋을까? 팀워크는 모든 성과의 전제 조건이라고 해도 과언이 아니다. 단지 좋은 결과만을 위해서가 아니라 특정한 목표를 이루어가는 힘겨운 과정 속에서 서로 부족한 부분을 보완해주고, 함께 즐겁게 일할 수 있다는 것은 모두 팀워크가 받쳐줄 때만 가능한 일이다. 그래서 뛰어난 리더들은 어떻게 팀원들을 구성해줄까를 고민하며 일의 진척 과정에서도 팀 다이내믹스Team Dynamics, 팀 역학을 끌어올리기 위해 많은 고민을 하게 된다.

서로에 대한 신뢰와 배려로 뭉쳐진 팀은 옆에서 보고 있으면 금방 에너지를 느낄 수 있다. 그런 팀에서 좋은 아이디어가 발산되는 것은 당연한 일이다. 반면 그 반대의 팀은 왠지 말 한마디 건네기가 조심스러우며 한두 사람의 큰 소리만 들리는 경우가 많다.

케이큐브벤처스 임지훈 대표는 한 강연에서 수많은 벤처들 중에 어떤 곳에 투자할지를 결정하는 몇 가지 원칙을 공유한 적이 있다. 그는 "투자 결정 시 체크 포인트들이 있는데, 그중에 가장 중요한 것이 팀입니다. 어떤 팀으로 구성되어 있는지를 봅니다. 서로 다른 역량과 다양한 경험을 가지고 있는지, 팀에 적어도 한두 명의 최고 전문가가 있는지, 집요함이 있는 대표와 성공 경험을 가지고 있는 팀인가 등을 고려합니다"라고 했다. 어떤 아이디어를 갖고 있는가도 중요하지만, 그 아이디어를 현실로 만들어가는 과정에서 탄탄한 팀워크가 밑바탕이 되어야 성공 가능성이 높아진다는 얘기다.

나는 프로젝트나 팀 단위 협업의 성공 요인으로 3가지를 꼽는다. 여기서 말하는 프로젝트의 성공은 결과물에 대한 이해관계자의 평가뿐만 아니라 프로젝트를 직접 수행하는 멤버들이 과정상에서 얼마나 즐겁고 유익하게 일했는지를 포함한다.

첫 번째는 멤버 구성이다. 앞서 언급했듯이 긍정적이고 열정적인 팀원들의 역할은 무엇보다 중요하다. 구성원들이 성과를 내는 데 있어 중요하게 생각하는 것은 어떤 일을 하는가보다 누구와 함께하는가다. 일의 성과 역시 팀원들의 신뢰 관계에 의해 좌우됨은 물론이다.

두 번째는 내·외부 공유 시스템 구축이다. 팀 내에서 자유로운 의견과 아이디어의 공유가 이루어지고, 활발한 피드백이 가능한 체계를 만들어야 한다. 뿐만 아니라 이해관계자와의 지속적인 관계 형성과 정보 공유가 함께 이루어져야 한다. 일을 진행하다 보면 마무리 단계에서 한두 번 만나 결과물을 공유하는 정도에 그치기 쉬운데, 이런 식으로 일을 진행하면 이해관계자가 공감하는 결과물을 만들기가 쉽지 않다.

세 번째는 리더의 소통 역량과 희생정신이다. 리더는 팀원들이 자기 실력을 발휘하도록 끊임없이 분위기를 만들어줘야 한다. 그런데 혼자만 잘난 리더들이 있다. 리더와 팀원들이 하나가 되어 함께 성과를 만들어가는 과정을 거쳐야 하지만, 자신의 능력을 과신하거나 마음이 급한 리더들은 결과에 초점을 맞추기 때문에 흔히 독단적인 의사 결정의 유혹에 빠지기 쉽다. 팀원들은 잘나고 능력 있는 리더보다는 부족하더라도 끊임없이 소통하고 위기의 순간에 자신을 먼저 희생하는 리더를 진심으로 따르게 마련이다.

목표를 향해 협력하는 사람들은 함께 성과를 달성해야 한다. 가령 빈 수조 채우기 경기가 열린다고 가정해보자. 수조는 혼자서 채우기엔 너무 커서 세 명이 함께 채우는 팀워크 경기다. A팀은 세 명이 함께 주어진 시간 안에 최대한 많은 물을 담기 위해 다 같이 노력했다. 반면 B팀에는 이 경기의 달인이 한 명 있는데, 이번 경기에서도 역시 거의 혼자만 물을 퍼 담아도 충분했다.

결국 B팀이 올해도 우승을 차지하게 되었다. 그런데 B팀의 경우 세 명의 멤버 중 달인만 표정이 밝다. 우승을 했지만 다른 두 멤버는 그다지 즐거워 보이지 않는다. 왜 그럴까? 이유는 달인을 제외한 두 명의 멤버는 경기에서 기여를 거의 하지 못했기 때문이다. 두 명의 멤버도 충분히 물을 퍼 담을 수 있지만, 실력이 월등한 달인이 대부분 채웠기 때문에 남은 두 명에게는 기회가 주어지지 않았던 것이다. 그에 반해 우승을 놓쳤지만 A팀의 멤버들은 세 명 모두 밝은 표정으로 기쁨을 나누고 있다. A팀의 세 사람은 모두 같이 최선을 다했기 때문에 2등도 만족스러운 것이다.

이 빈 수조 채우기 효과의 사례는 여러 사람이 함께 결과를 만들어내는 프로젝트나 팀 단위 조직에서 일반적으로 나타날 수 있는 현상이다. 물을 수조에 채우는 일은 우리가 수행해야 할 목표고, 달인은 리더나 경험 많은 선배 정도로 생각해보자. 우승이라는 목표에 초점을 맞추게 되면 경험 많은 리더는 성급해질 수밖에 없다. 1초라도 빨리 성과를 내야 하는 상황이므로 스스로 나서는 것이 최선이라고 생각한다. 아무래도 자신이 경험도 많고 실력도 뛰어나다고 믿기 때문에 내가 하는 모습을 보고 후배들이 충분히 배울 수 있다고 생각한다.

그러나 리더만 나설 경우 시간이 아무리 지나도 다른 팀원들은 역량을 최대한으로 발휘하지 못한다. 이미 뛰어난 리더나 선배가 부족한 공간을 모두 채우고 있기 때문에 괜히 자신까지 나설 필요가 있을까 하고 생각하기 때문이다. 물론 열심히 하는 척은 하지만 진심으로 최선을 다하지는 않는다. 이렇게 되면 팀 전체는 물론이고 팀원의 입장에서도 결코 좋을 게 없다. 순간적으로 편할지 몰라도 궁극적으로 스스로 성장하고 발전할 수 있는 기회를 모두 빼앗겨 버리기 때문이다. 게다가 더 슬픈 현실은 시간이 지난 후 사람들은 우승 팀 하면 리더나 뛰어난 선배만 떠올리게 된다. '나'라는 존재는 조직과 시간 속에 묻혀버리고 마는 것이다.

2등을 한 A팀처럼 경험 많은 리더가 빈 공간을 남겨놓으면 팀원들은 목표를 달성하기 위한 노하우를 훨씬 빨리 배우게 된다. 이런 리더들과 함께하면 일하는 동안은 힘들지만 장기적으로 보면 스스로 성장할 수 있는 충분한 기회를 얻게 된다.

팀 단위 목표의 성공에 대한 판단 지표는 결과물 자체의 품질뿐만 아니라 팀 구성원들이 얼마나 많이 성장했는지가 포함되어야 하는데, 그런 면에서 보면 A팀 구성원들이 훨씬 성공 가능성이 높다. 지나치게 결과만을 강조하다 보면 리더나 소수의 구성원만 만족스러운 결과로 끝나고, 다른 팀원들은 성장하기도 힘들고 행복하게 일하는 것도 어려워진다. 협업의 3가지 성공 요인과 빈 수조 채우기 사례는 결국 '사람'이라는 하나의 키워드로 귀결된다. 즉 동료들이나 이해관계자에 대한 배려와 희생 그리고 원활한 소통을 위한 노력이 성공의 핵심이라 할 수 있다.

●

창조와 연결의 시대, 공감과 협업으로

② 외부와의 소통과 공유

얼마 전 팀 내의 한 동료가 구글 검색을 하다가 최근 인터넷 사용자의 이용 패턴을 분석한 구글의 보고서를 발견하고 팀원들에게 공유한 적이 있었다. 이 보고서를 읽어본 다른 동료는 좋은 정보를 공유해줘서 고맙다는 말과 함께 구글의 공유 문화에 대해 놀라움을 표현했다. "이 정도 보고서면 다른 회사들 같으면 대외비로 쉽게 오픈하지 않을 텐데, 모든 사람들에게 이렇게 유용한 정보를 공유하는 구글은 참 대단합니다."

나는 이 말을 듣는 순간, 2009년 시카고 IIT 졸업식 때 구글의 부사장이었던 마리사 마이어의 연설이 떠올랐다. 그녀는 자신이 구글에 입사해 성장하며 경험한 이야기를 들려주었는데, 특히 조직 혁신에 있어서 공유의 중요성을 강조했다.

"과거엔 정보가 부족하고 비싼 것이어서 모든 권력과 파워는 좋은 정보를 얼마나 많이 소유하고 중계하느냐에서 비롯되었습니다. 그러나 오늘날은 오히려 정반대죠. 모든 파워는 정보를 얼마나 공유Share하느냐에 의해 결정됩니다. 따라서 모든 사람과 가능한 많은 것을 공유해야 합니다. 공유Sharing는 연결Connection을 낳고, 연결Connection은 협업Collaboration을 낳습니다. 협업Collaboration은 다시 창조성Creativity과 혁신Innovation으로 이어집니다. 오늘날 대기업의 공유 정신Sharing의 부족은 각 조직을 정보의 요새로 전락시키고, 결국 조직은 이기적인 경쟁의 심화로 몰락의 길을 가게 됩니다. 따라서 우리 모두는 좋은 것일수록 함께 나누어야 합니다."

애플트리 김병태 대표는 자신의 저서《세상의 모든 것과 동업하라》북포럼에서 협업의 중요성을 강조하며 이렇게 이야기했다.

"과거에는 살아남기 위해 경쟁하고 홀로 갈고 닦았지만, 점점 창의적이고 혁신적인 가치 모델을 추구하는 현대에는 얼마나 남들과 잘 협업하는지가 KFSKey Factor for Success, 성공의 핵심 요소입니다."

세상은 많이 변했다. 과거에는 개인이든 조직이든 자신의 영역 안에서 경쟁력을 갖추고 그것을 무기로 세상에서 가치를 인정받으면 그뿐이었다. 그러나 오늘날처럼 다양한 인맥과 그들의 사고가 쉽게 연결되는 인터넷 기반의 창의 시대에는 결과물과 그 사상을 오히려 남들과 나누어야 한다. 그게 성공을 결정짓는 관건이다.

마리사 마이어와 김병태 대표가 말했듯 오늘날의 비즈니스 세계는 적극적인 협업과 공유를 지향하는데, 그 밑바탕에는 창의성 추구와 상호 연결성, 실시간성이라는 시대적 특성이 반영되어 있다. 기존의 경쟁자들과 차별화되는 독창적인 제품이나 서비스를 고객들에게 제공해야만 하는 무한경쟁의 시장에서 기업은 반드시 창의적 아이디어를 발상해내야 한다. 창의성은 혼자만의 공상 속에서도 발현되지만, 여러 사람의 다양한 경험과 사고가 어우러졌을 때 훨씬 공감력 있는 결과물로 발전하게 된다. 그래서 정보의 공유와 협업이 필요하다.

인터넷의 발달과 SNS의 열풍은 전 세계 수많은 사람들을 쉽게 연결한다. 한국의 20대와 미국의 50대 사용자가 같은 주제로 자기 생각을 나누고, 이미지 공유 앱으로 거리에서 찍은 멋진 사진을 전 세계의 사람들과 실시간으로 공유할 수도 있다. 특히 모바일 환경의 진화는 더 많은 사람들을 더 가까이 연결시키고, 서로의 아이디어를 그 자리에서 즉시 나눌 수 있도록 도와준다. 모바일은 텍스트Text에서 이미지Image 중심으로, 완성형 정보에서 단문의 실시간형 정보로 소통 방식의 변화를 가져왔다.

이런 추세는 언어나 지식의 높은 장벽을 점점 낮춰주는데, 적어도 소통의 측면에서 보면 전 세계 사람들은 점점 평등해지고 있다. 이러한 적극적 공유와 협업의 트렌드는 개인뿐 아니라 기업의 구성원들 간 소통과 업무 효율에도 긍정적인 영향을 주고 있다. 실제로 조직에서 능력을 인정받는 사람들은 자기가 가지고 있는 유용한 정보를 다른 사람들과 나누면서 오히려 더 좋은 정보를 수집하게 된다. 정보 공유는 곧 커뮤니케이션을 동반하기 때문에 그들은 대체로 소통 능력이 뛰어나며 원만한 대인 관계를 유지한다.

나는 회사 내에서 다양한 업무와 프로젝트를 수행해왔는데, 최근 들어 특히 공감적 소통을 통한 협업의 중요성을 절감하고 있다. 예술 작품이나 과학 실험 같은 경우는 결국 최종 결과물의 절대적 예술성이나 과학적 완성도로 평가를 받게 되지만, 대부분 기업 활동의 결과물들은 고객의 평가 이전 단계에서 기업 내부 구성원들의 평가에 의해 품질이 먼저 결정된다고 볼 수 있다. 그런데 결과물 자체만으로 제대로 된 평가를 받기란 쉽지 않다. 결과물이 나의 조직 또는 나에게 어떤 영향을 줄 것인지 그리고 결과물의 도출 과정에서 얼마나 많은 사람들의 공감을 얻었는지가 평가에 중대한 영향을 미친다. 한마디로 최종 결과물의 평가는 '결과물 + 관계'에 의해서 결정된다고 볼 수 있다. 이러한 원리는 기업 활동뿐만 아니라 개인의 사회 활동에도 그대로 적용된다. 다른 사람들과의 소통과 공감 노력이 내가 가진 콘텐츠를 평가받는 데 절대적인 영향을 준다고 할 수 있다.

이렇듯 협력의 중요성은 잘 알려져 있지만 이를 실천하기란 생각만큼 쉽지 않다. 적극적으로 협업을 할 수 없는 이유는 무엇일까? 크게 2가지 측면에서 생각해볼 수 있다.

1. 효율성

조직이든 개인이든 목표를 달성하는 데는 늘 주어진 시간이 있고 활용할 수 있는 가용자원Available Resources, 즉 비용과 인력의 제한이 있을 수밖에 없다. 그런데 다른 사람이나 조직과 협업을 하려면 그만큼의 시간과 노력을 더 필요로 한다고 생각하기 쉽다. 더 나은 결론을 얻기 위해 서로의 의견을 조율하는 과정을 거쳐야 하며, 때로는 결론이 나지 않을 것 같은 끝없는 격론이 계속되기도 하기 때문이다.

이런 불편한 과정에도 불구하고 함께 일하는 것이 혼자 일하는 것보다 더 나은 결과를 얻을 수 있으리라는 확신을 갖기도 어렵다. 목표한 것을 얻기 위해 시간과 노력을 들였음에도 혼자 했을 때보다 오히려 못한 결과를 얻는다면 어느 누가 협업의 방식을 선호하겠는가?

함께 일하는 것보다 혼자 일하면 번거로운 생각의 조율 과정을 거치지 않고 스스로 쉽게 결론을 내릴 수 있기 때문에 훨씬 효율적이라고 생각하는 경우도 많다. 얼핏 현실적인 생각처럼 보이지만, 창의적이고 혁신적인 성과를 추구하는 사람들은 생각과 생각의 충돌이 주는 사고의 확장과 기발한 아이디어의 돌출 효과를 믿어야 한다. 단지 문제가 되는 것은 준비 없는 협업이나 불명확한 역할 분담과 같은 협업의 스킬에 관한 것들이다.

2. 성과의 인정과 책임

함께 일하는 것의 또 다른 이슈 중 하나는 일의 성과를 어떻게 나눌 것인가 또는 어떻게 성과의 기여도를 측정할 것인가.

조직에서 두 팀이 힘을 합쳐 공동의 혁신 프로젝트를 진행했고, 그 결과 성공적인 제품이나 서비스를 출시하게 되었다고 가정해보자. 한 팀은 원래 새로운 사업 모델을 기획하는 팀이고, 다른 한 팀은 실제로 시장에서 사업을 실행하는 성과달성 팀이다. 두 팀은 한시적으로 프로젝트 팀을 만들어 함께 좋은 아이디어를 내고 사업적 타당성을 검토했으며, 초기 제품 출시의 프로모션 방안까지 함께 고민한다. 물론 두 팀의 역할은 어느 정도 나눠져 있겠지만 작업이 진척되면 서로 부족한 부분을 도우면서 협업의 시너지는 상승하게 된다. 물론 기획과 실행에서 오는 현실적인 마찰 과정을 겪게 되겠지만, 결국 기대 이상의 긍정적 결과물을 만들어낸다.

그런데 문제는 이제부터다. 비록 공동 프로젝트라 하더라도 결국 성과에 대한 기여도 평가를 받게 되어 있다. 성과가 좋든, 좋지 않든 조직의 자원을 활용했기 때문에 각 조직은 어떤 식으로든 긍정적인 평가를 받으려고 한다. 이는 단위 조직은 물론이고 프로젝트에 참여한 구성원들도 마찬가지인데, 누구나 자신이 노력한 것에 대한 최대한의 인정을 받고 싶어 한다.

가령 A라는 단위 조직이 좋은 아이디어를 제안하고 가능성 높은 비즈니스 콘셉트로 발전시키는 데 크게 기여했지만, 실제로 다른 조직에서 시장 현실에 맞게 수정, 보완해 좋은 성과를 냈다면 과연 해당 사업의 평가와 보상은 어떻게 이루어져야 할까? 이런 이슈는 비즈니스 현장에서 빈번하게 일어나고 있지만, 밖으로 잘 표출되지는 않는다. 어느 한쪽은 불만을 가질 수 있지만 괜히 협업력이 부족하다는 부정적 인식을 받을 수 있기 때문에 이슈화하지 않는 것이다. 단지 불만을 가진 쪽이 협업에 대한 부정적 인식을 갖게 되며, 다음부터는 적극적인 참여를 꺼리게 된다.

지금까지 우리는 조직이나 개인이 협업을 꺼리게 되는 2가지 원인을 살펴보았다. 이러한 문제는 결국 경영층의 리더십과 협업의 성공 사례 전파, 역할과 책임의 명확한 사전 규정 등이 전제되어야 해결할 수 있을 것이다.

개인 간 협업의 측면에서도 마찬가지다. 결과물에 대한 책임과 기여도 측정을 위한 협업 헌장과 같은 사전 합의의 절차가 필요하다. 그러나 대부분의 경우 협업은 "앞으로 잘해봅시다. 주인의식을 가지고 서로 신뢰합시다"와 같은 선언적인 다짐으로 그치는 경우가 많다. 그리고 일이 생각보다 잘되었거나 잘못된 결과가 발생했을 때 그제야 후회하게 된다. 처음에 다소 어색하고 불편하더라도 함께 일할 때는 반드시 명확한 사전 합의의 절차를 거쳐야 한다. 이는 결국 서로 더 잘 협업하고 더 나은 성과를 만드는 방식이기도 하다.

기술의 완벽함에서 고객 공감의 시대로

③ 진짜 고객과의 공감

오늘날 수많은 기업이나 조직들이 고객의 니즈^{Needs}나 패인 포인트^{Pain-point}를 해결하는 제품과 서비스를 만들기 위해 고군분투하고 있다. 비즈니스에서 고객이 중심에 선 지도 이미 오래된 듯하다. 그런데 정말 그럴까? '진짜 고객'이 진정으로 원하는 것이 무엇인지 알고 있는가? 고객이 원하는 것을 찾기 위해 우리는 진심으로 노력하고 있는가? 스스로에게 이런 질문을 해보면 선뜻 '그렇다'라고 답하기가 쉽지 않다.

나는 고객 인사이트^{Customer Insight}를 발굴하고, 그에 기반한 서비스 콘셉트를 디자인하는 일을 전문적으로 해오고 있다. 내가 이 팀에 온 지 얼마 되지 않아, 프로젝트를 의뢰한 부서의 실무 담당자와 함께 고객의 가정을 방문해 심층 인터뷰를 진행한 적이 있다. 우리는 고객들이 실제로 가정에서 어떤 모습으로 서비스를 이용하며, 어떤 불편함을 겪고 있는지 세세한 부분까지 직접 목격할 수 있었다. 세 시간 정도의 인터뷰를 마치고 나오는데 함께 갔던 선배가 이런 말을 하는 것이다.

"나는 올해로 15년째 이 회사에서 근무하고 정말 오랫동안 서비스를 기획해왔는데, 고객을 이렇게 직접 만나서 그들의 이야기를 듣고 실제 서비스를 사용하는 모습을 살펴본 건 처음이야. 고객의 말들이 너무나 공감 가고 흥분되기까지 하는군."

선배의 이야기를 듣고 많은 것을 생각하게 되었다. 선배의 말은 혼자만의 이야기가 아니라 우리 모두의 현실적인 문제다.

많은 사람들이 고객을 위한 제품이나 서비스를 기획하고 디자인하는 일을 하지만, 실제로 고객을 만나서 그들의 말과 행동을 관찰하고 그들이 진정으로 원하는 잠재된 니즈를 발견하려는 노력은 부족한 게 사실이다. 나 역시 오랫동안 사무실 책상에서 내 머릿속의 고객을 상상하며 일해왔다. 마치 나 스스로 진짜 고객이라도 된 것처럼 말이다. 업무 효율성이라는 이름으로 리서치나 컨설팅 업체에 그 일을 맡기고 나는 그들이 제공하는 보고서 속의 고객들을 만날 뿐이었다. 물론 그런 분석적인 방법론과 보고서들이 얼마나 가치가 높은지도 알고 있다. 하지만 그 보고서들도 어디까지나 내가 시장의 진짜 고객들과 충분한 공감 기회를 가지고 있을 때 효과가 커진다.

그렇다면 시장의 진짜 고객과 소통하고 공감하려면 어떻게 해야 할까? 반드시 고객의 가정을 방문해서 그들을 심층 인터뷰하고 관찰해야만 할까? 물론 그런 기회를 가질 수 있다면 제일 좋겠지만, 대부분의 업무 현실에서는 쉽지 않다. 비용뿐만 아니라 전문적인 방법론과 기술을 필요로 하기 때문이다. 시장에서 진짜 고객들이 서비스나 제품을 사용하면서 겪고 있는 어려움이 무엇인지 깨닫고, '아직 충족되지 않고 있는 니즈Unmet Needs'를 발견하기 위해 우리가 일상에서 실천할 수 있는 방법은 어떤 게 있을까?

물론 여러 가지 방법들이 있겠지만, 나는 'POM 렌즈로 관찰하기'와 '고객 되어보기'의 방법을 간략하게 정리했다. 관찰하기는 5장에서 소개하고, 여기서는 고객의 입장이 되어 제품이나 서비스를 사용해보면서 진짜 고객과 공감하는 방법에 대해 몇 가지 사례로 설명하려고 한다. 서비스나 제품을 기획하는 사람, 접점에서 고객을 응대해야 하는 사람 그리고 사내 고객직원들과 수시로 소통해야 하는 거의 모든 직장인들에게 유용한 사고의 방식이 될 것이다.

'고객 되어보기' 사례 1 _ 지하철의 마스크 맨

몇 년 전 세 명의 동료들과 함께 A병원과 공동으로 U-헬스 프로젝트를 진행한 적이 있다. 당뇨나 고혈압 같은 만성질환자들이 치료 활동에서 겪는 어려움을 파악하고, 이를 해결하는 스마트폰 기반의 서비스 콘셉트를 제안하는 프로젝트였다.

우리는 만성질환과 관련된 사전 지식을 파악하고, 의료계의 에코 시스템을 이해하기 위해 병원의 의사와 간호사들을 인터뷰했고 관련 서적도 여러 권 탐독했다. 그리고 당뇨나 고혈압 환자들의 생활을 심도 깊게 살펴보기 위한 가정 방문 인터뷰, 병원 대기실 관찰 조사와 같은 여러 가지 계획을 세웠다. 그럼에도 만성질환이라는 영역은 여전히 우리에게 생소했다.

그래서 우리 프로젝트 팀은 한 가지 아이디어를 냈다. 우리가 직접 환자가 되어보기로 한 것이다. 물론 우리 네 명 중에 어느 누구도 당뇨나 고혈압 환자는 없었다. 우리는 먼저 혈압기와 혈당 체크기 같은 의료 장비를 장만했다. 그리고 프로젝트 룸 공간을 마치 진짜 병원처럼 꾸몄다. 유리문 앞에는 병원 로고와 함께 프로젝트 멤버들의 사진에 의사, 간호사의 이름을 붙였다. 다른 프로젝트의 팀원들이 복도를 지나가다 들러서 혈당과 혈압을 체크해달라며 찾아올 정도였다. 우리 프로젝트 멤버들은 하루에 세 번씩 혈당과 혈압을 체크하고 난 후, 그 수치들을 작은 노트에 기록하기를 반복했다. 점심 식사는 일부러 칼로리가 낮은 음식을 먹고, 조미료를 덜 쓰는 식당들을 골라서 다녔다.

두 달간의 프로젝트가 끝났을 때 내 몸무게는 5킬로그램 넘게 빠졌다. 식당이나 메뉴에 따라 혈당 수치가 크게 차이가 나는데, 환자들이 사회생활을 하면서 음식을 조절하는 게 얼마나 어려운 일인지 알 수 있었다. 실제로 우리는 좋아하던 음식을 마음껏 먹지 못하는 데서 오는 환자들의 어려움을 해결하는 서비스 콘셉트를 제안하기도 했다.

그렇게 우리는 꾸준히 우리만의 환자 노트를 채워나갔는데, 특히 혈당 체크를 위해 하루에 서너 번씩 손끝에 맞는 바늘 침은 언제나 두려웠다. 인터뷰에서 만난 한 환자는 "10년 동안 하루에도 몇 번씩 침을 맞아왔지만 아직까지 침만 보면 겁이 나요"라고 말했는데, 그게 어떤 의미인지 충분히 공감할 수 있었다. 침만 보면 겁이 난다는 환자의 말을 단지 머리로 이해하는 것과 내가 온몸으로 느낄 수 있다는 것은 분명 다르다. 그리고 그것은 서비스의 기획에서 전혀 다른 접근 방식과 해결책을 생각할 수 있게 도와준다.

프로젝트 팀 단위의 환자 되어보기 체험과 별도로, 나는 한 가지 더 확실한 '환자 되어보기'를 실천해보기로 했다. 40년 넘게 당뇨를 잘 관리해온 탤런트 김성원 씨가 《당뇨와 친구하라》라는 책을 썼는데, 내용 중에 눈에 띄는 부분이 있었다. 그는 출퇴근이나 외출할 때 감염을 예방하기 위해 흰색 면장갑과 마스크를 쓰고 다닌다고 했다. 물론 모든 환자들이 그처럼 철저하게 관리하는 것은 아니지만, 나는 김성원 씨의 방법을 직접 경험해보기로 했다.

그 무렵 나는 공덕역에서 광화문까지 지하철로 출근하고 퇴근은 버스를 이용했는데, 흰색 면장갑과 마스크를 쓰고 지하철 손잡이를 잡고 있으면 사람들이 흘끔흘끔 나를 쳐다보며 눈치를 살피곤 했다.

마스크에 흰 장갑 끼고 지하철 타기

열흘 넘게 출퇴근과 외근 때 그런 모습으로 다녔는데, 당시는 4월이
라 마스크를 쓰는 사람이 거의 없었다. 게다가 흰색 면장갑을 낀 사
람은 전혀 찾아볼 수가 없었다. 아마 일반인들이 보기에 내 모습은
무척이나 이상하게 보였음에 틀림없다. 김성원 씨가 책에서 말한 것
처럼 경계의 눈으로 바라보는 사람들의 따가운 시선이 느껴졌다.

　내가 만난 어떤 당뇨 환자는 하루에 몇 번씩 화장실에서 동료들
몰래 주사를 맞곤 했는데, 아주 친한 사이가 아니면 환자라는 사실
을 숨기고 싶어 했다. 극단적인 사례지만, 당뇨 환자들이 생활 속에
서 제대로 된 관리를 하려면 이렇게 크고 작은 심리적 장애물을 극
복해야 한다는 사실을 몸소 체감할 수 있었다.

'고객 되어보기' 사례 2 _ 경비로 취업한 기자

내가 만나본 고객 되어보기의 최고 고수는 《인터뷰 잘 만드는 사람》의 저자 김명수 기자다. 유명한 기업의 회장에서부터 가난한 청소부 아줌마에 이르기까지 참신하고 다양한 인생의 롤 모델을 발굴해 그들의 내면 깊숙한 곳의 스토리를 끌어내기로 유명한 김명수 기자. 1,000명이 넘는 인물을 인터뷰한 그의 노하우 중 하나가 바로 특정한 사람들의 삶을 실제로 살아보는 것이다. 살아보는 척하는 것이 아니라 진짜 그렇게 사는 것이다. 북포럼 강연에서 그는 흥미 있는 공감하기 사례를 소개했다.

대한민국 상위 1퍼센트의 부자들과 평범한 사람들의 삶이 공존하는 공간, 강남의 어느 유명한 아파트 경비로 취업을 한 것이다. 그곳에서 3년 동안 근무하면서 다양한 사람들의 삶을 직접 목격하며 인터뷰 글을 썼다고 한다. 북포럼에서 인사를 나눈 지 몇 달이 지난 어느 날, 나는 아파트 경비로 취업한 김명수 기자의 이야기에 대해 좀 더 깊이 있게 알아보기 위해 연락을 했다.

이메일을 보낸 다음 날 아침 일찍 출근길에 전화가 왔다. 간단히 인사를 나누고 나는 궁금한 것들을 질문했다. 내가 "도대체 왜 3년이 넘는 긴 시간 동안 그곳에서 일하신 겁니까? 아무리 그들의 삶을 이해하기 위해서라지만 이해가 잘 안 가서 말입니다"라고 묻자, 그는 이렇게 답했다.

"취재로는 한계가 있습니다. 사람들은 그렇게 쉽게 마음의 문을 열지 않아요. 단기간에 세세한 그들의 삶을 이해하기는 힘들죠. 쉽게 머릿속으로 상상해서 쓴 글과 직접 체험하면서 쓰는 글은 읽어보면 완전히 다르거든요. 그래서 직접 그들과 동화되고 싶었습니다. 그렇게 주민과도 친해지고, 경비나 청소부 아줌마들과도 오랫동안 교감하면서 속마음을 읽을 수 있었던 거죠. 그런 이유로 택배 기사도 해보고 엑스트라도 직접 해보는 겁니다."

나는 김명수 기자에게 그때 쓴 인터뷰 기사 몇 개를 소개해줄 수 있냐고 물었는데, 놀랍게도 그는 5년 전에 쓴 인터뷰이의 이름까지도 줄줄 외우고 있었다. 1,000명이 넘는 사람들을 일일이 기억하고 있었던 것이다. 한번 들으면 아는 유명인이 아니라 아파트 주민, 경비 아저씨, 청소부 아줌마들처럼 쉽게 지나칠 수 있는 사람들이었는데도 말이다.

마지막으로 그는 나에게 실제 그 사람이 되어본다는 것에 대해 소감을 말해주었는데, 그 말은 아직도 내 가슴에 깊이 새겨져 있다. 마라톤 선수를 인터뷰한 평범한 기자의 글이 단순히 "힘들다"라고 표현되었다면, 마라톤 선수를 더 잘 이해하기 위해 함께 뛰면서 인터뷰한 기자의 글은 "힘. 들. 다."다. 헉헉대며 쓴 이 한 줄의 뉘앙스는 비범함을 넘어 탁월함을 지닐 수밖에 없는 것이다.

이런 사례들처럼 무조건 힘들게 '고객 되어보기'를 해야만 하는 것은 아니다. 어떤 영역이건 제품과 서비스는 이용하는 고객이 있고, 각각의 영역마다 고객이 되어보는 방법들은 다르다.

새로운 개념의 커피 머신을 개발하는 엔지니어라면 수많은 커피 머신을 직접 사용해봐야 한다. 호텔 서비스를 개선하고자 한다면 내가 직접 호텔의 투숙객이 되어봐야 한다. 시장에서 새 바람을 일으킬 수 있는 여행 상품을 기획하고 싶다면, 회사에서 제공하는 상품으로 편안한 여행을 하지 말고 내가 직접 고객이 되어 여행사 이곳저곳 발품을 팔아봐야 한다. 그리고 인터넷으로 수많은 상품을 꼼꼼히 탐색하는 노력도 체험해봐야 한다. 여행지에서의 숙박과 현지 투어 같은 상품을 이용하면서 고객의 눈으로 문제점을 느껴보고, 다른 고객들의 이야기에 귀 기울이며 그들의 행동을 유심히 관찰한다면 수많은 아이디어들이 떠오를 수밖에 없다. 그러면 하루 종일 책상에 앉아 혼자만의 상상으로 짜낸 아이디어가 아니라 여행의 구석구석에서 발견한 디테일하고 공감도 높은 아이디어를 만나게 된다.

굳이 그렇게까지 할 필요가 있을까 의아해할 수도 있겠지만, 제품이나 서비스를 기획할 때 자신이 직접 고객이 되어보려는 자세는 너무나 중요하다. 기술의 완벽함은 그다음 문제다. 고객의 입장이 되어봐야 그들이 느끼는 어려움과 그들이 진정으로 필요로 하는 것을 공감할 수 있기 때문이다.

단순히 고객의 이야기를 듣고 이해하는 것과 몸으로 공감하는 것은 차원이 다르다. 고객의 입장에서 공감한 사람은 오히려 고객의 이야기를 균형감 있게 보고 들을 수 있는 눈과 귀를 갖게 된다. 고객은 아주 빈번하게 속마음과 다르게 표현하기도 한다. 머릿속에서만 그려낸 대안들은 피상적이거나 현실성이 떨어지는 경우가 많고, 주변의 여러 상황에 따라 너무나 쉽게 바뀌고 무너지게 된다. 반면 '고객 되어보기'를 해보면 매우 구체적이고 실질적인 아이디어를 낼 수 있을 뿐 아니라 자신이 기획한 아이디어에 대한 자신감과 신념까지 얻을 수 있다. 결국 자신의 아이디어를 실행할 수 있는 강력한 동력을 얻게 되는 것이다. 자, 고객들이 왜 저렇게 말하고 행동할까 이해하려 하지 말고, 그들의 입장에서 공감하기 위해 스스로 직접 고객이 되어보자.

●

다양성을 인정하고 활용하라

기업이나 개인의 혁신에서 다양성의 존중은 아무리 강조해도 지나치지 않다. 하나의 소규모 팀을 구성할 때 가급적이면 다양한 학문적, 직업적 경험을 가진 사람들을 골고루 구성하는 게 좋다. 오늘날 시장에서 차별화된 제품이나 서비스는 기존의 통상적인 사고의 틀을 벗어난 경우가 많다. 만날 생각하던 방식이 아닌 전혀 새로운 방식으로 접근할 때 아무도 생각하지 못하던 독창적 아이디어가 도출되는 경우가 많기 때문이다. 그래서 많은 혁신 조직에서는 서로 다른 다양한 경험을 한 팀원들을 구성하기 위해 각별히 신경 쓴다.

동일한 분야의 경험과 지식이 축적된 집단은 자칫 편향적 경계를 더욱 단단하게 만들 수 있다. 이런 경계를 허물고 다양성의 혜택을 확보할 수 있는 가장 좋은 방법은 바로 서로 다른 사람들과 함께 일하는 것이다. 혼자서 어느 세월에 다른 수많은 분야의 전문가가 되어 통찰력을 얻을 수 있겠는가? "우리 모두를 합하면 어떤 개인보다 뛰어나다"라고 한 IDEO의 CEO 팀 브라운의 말처럼, 오늘날의 비즈니스에서 팀 다이내믹스가 주는 창조성의 시너지는 절대적이다.

내가 몸담고 있는 HCI 팀은 혁신 방법론을 교육 프로그램으로 만들어 사내 구성원들에게 전파하고 있다. 교육에서 참여자들은 고객의 숨은 니즈를 발견하고, 그 니즈를 충족시키는 독창적인 아이디어를 개발하는 과정을 대여섯 명의 팀원들과 함께 수행한다. 교육 참여자들의 만족도는 굉장히 높은 편인데, 여러 사람들이 협력해 함께 다양한 아이디어를 만들어내기 때문이다.

팀 편성을 할 때 가장 신경 쓰는 부분 역시 최대한 다이내믹한 팀을 만드는 것이다. 성별과 연령대는 물론이고 서로 다른 경험을 가진 멤버들로 팀을 구성한다. 예를 들면 다섯 명이 한 팀이라면 엔지니어, 마케터, 디자이너, 전략 기획자, 고객 관리 전문가 등으로 구성한다. 처음에는 사고방식의 상이함에 어색함을 느끼지만, 시간이 조금만 지나면 다양성이 주는 긍정적 시너지를 금세 깨닫게 된다. 몇 개월을 같이 해야 하는 과제 단위의 팀을 구성할 때는 팀 다이내믹스를 높이기 위해 훨씬 더 신경을 써야 한다.

이렇게 다양한 경험과 노하우를 가진 멤버로 구성된 팀에서 팀원들은 상대방의 장점과 경험을 받아들이고 배우려는 열린 자세를 가져야 한다. 사람들은 어느 정도 경험이 쌓이면 자신의 능력을 과신하는 경향이 강하며, 겉으로는 존중하는 척하지만 다른 사람의 의견이나 아이디어는 무시하는 경우가 많다.

격투기 전문가인 김남훈 해설가는 〈세상을 바꾸는 시간 15분〉에서 격투기의 혁신가 이소령의 이야기를 재미있게 들려주었다.

"이소령은 1973년에 이미 오픈핑거글러브를 사용했습니다. 오늘날 종합격투기 경기에서 사용하는 글러브를 40년 전에 활용한 거죠. 그뿐만 아니라 복싱의 풋워크나 그라운드 기술의 하나인 암바기술을 자유자재로 구사했습니다. 좋은 것을 받아들여 더 좋은 것을 만드는 것은 간단해 보입니다. 하지만 고수의 반열에 오른 사람들은 자칫 다른 것을 받아들이는 것을 쉽게 포기하거나 남의 것을 폄하하기 마련이죠. 이소령이 대단한 것은 아무도 넘보지 못하는 자신만의 강점이 있음에도 불구하고 다른 사람이나 다른 분야의 좋은 것을 받아들일 줄 알았다는 것입니다."

진정한 고수는 남의 강점을 자신의 것으로 흡수하는 능력을 가진 사람인 것이다.

다양성을 흡수하기 위해 필요한 또 다른 중요한 자세 중 하나는 '경청'이다. 내 의사를 전달하고 상대방의 이야기를 들으면서 우리는 스스로 미처 생각하지 못한 것들을 깨닫게 된다. 또한 깊이 있는 토론을 통해 서로 다른 생각들을 공통의 합의된 주장으로 발전시켜나간다. 이것이 대화와 토론의 기본이다.

아주 간단하고 당연해 보이지만, 실제로 사회생활을 하다 보면 기본이 잘 지켜지지 않는 경우가 많다. 끊임없이 자기 얘기를 하고 상대방이 끼어들 틈을 주지 않는 사람들을 쉽게 만나게 되는데, 아마도 커뮤니케이션의 주도권을 본인이 가져가면서 남들에게서 인정받고 싶은 마음이 크기 때문일 것이다. 축구에서 유능한 선수는 혼자 공을 몰고 가는 사람이 아니라 적재적소의 선수와 끊임없이 공을 주고받는 선수다. 개인기를 너무 앞세운 나머지 혼자 모든 것을 해결하려는 선수들을 보면 관중들은 화가 나게 마련이다.

사람들은 누구나 자기 얘기를 하고 싶어 한다. 세상의 중심은 '나'이기 때문에 당연한 것일지도 모른다. 그러나 정반합의 생산적인 토론을 위해서는 의도적으로라도 남의 이야기에 귀를 기울일 필요가 있다. 전설적인 인터뷰의 대가 래리 킹은 한 인터뷰에서 "나는 말하면서 무언가를 배운 적이 없다 I never learned anything when I was talking"라고 얘기한 적이 있다. 자신의 이야기를 줄이고 상대방의 말에 귀 기울일 때 더 많은 깨달음의 길이 열린다는 의미일 것이다.

지금까지 우리는 혼자 하는 혁신이 아니라 함께 하는 협신에 대해 알아보았다. 진정으로 변화하고 혁신하기를 원한다면, 혼자가 아니라 내 옆의 동료나 파트너 그리고 고객과 함께해야 한다. 사회는 사람과 사람의 생각들이 거미줄처럼 연결되어 있고, 이런 상호 연결성 속에서 얼마나 현명하게 관계를 형성하고 협력하느냐에 따라 개인의 성장과 혁신이 판가름 난다. 이제부터 혼자 하지 말고 함께 하자. 느린 것 같지만 훨씬 멀리 그리고 높이 갈 수 있을 것이다.

CHAPTER 05

경험판을 자극하라

콘셉트 인사이트 4

자극

사람에게는 신체적 성장판뿐 아니라 경험적 성장판도 존재한다. 20세 전후까지는 신체적 성장판이 역할을 다하고, 성인이 되면 경험적 성장판인 경험판이 정신적 성장과 발전을 돕는다. 사람의 신체는 일정 정도 이상으로 성장할 수 없지만 정신적 성장에는 제한이 없다. 경험판은 특히 창조적 정신 활동을 하는 사람들에게는 유용한 개념이다. 모든 창의적 사고는 개인에게 쌓인 경험과 외부로부터의 자극에 의해 발현되기 때문이다. 이런 경험과 자극은 어느 날 갑자기 생기는 게 아니다. 아무리 많은 경험과 자극을 접하더라도 본인이 적극적인 의도를 가지고 바라보지 않으면 단지 습관이나 눈요기에 지나지 않는다. 목적의식을 가지고 하루하루의 삶 속에서 경험과 자극을 차곡차곡 쌓아야 한다.

눈 자극이 아니라 손 자극

뭔가 일이 잘 풀리지 않거나 변화가 필요하다 싶으면 자극 여행 Inspiration trip을 떠나는 것이 좋다. 자극 여행은 반드시 해외 여행을 의미하지 않는다. 나는 요즘 직장인의 한계 때문인지 해외 여행을 통한 눈 자극보다는 직접 체험과 사람으로부터 받는 자극에 더 집중하는 편이다. 마흔의 나이에 미술 학원에서 스케치를 배우거나 글쓰기 강의를 듣기도 한다. 얼마 전엔 웃음치료사 자격증도 취득했다.

나는 세상 모든 것이 다 자극이 될 수 있다고 믿는다. 특히 눈으로 보면서 느끼는 눈 자극이 아니라 내가 직접 체험하면서 느끼는 '손 자극'을 선호한다. 같은 이유로 나는 저자들의 강연에 직접 가보려고 노력한다. 저자들을 만나 경험한 내용을 귀 기울여 듣다 보면 머리가 아니라 가슴으로 공감하는 부분들이 훨씬 많다. 나는 강연이 끝나면 반드시 저자들과 직접 인사를 나누고 명함을 교환한다. 그리고 꼭 함께 사진을 찍는다. 자극을 위해 나섰다면 머릿속에 확실히 각인시켜야 한다는 생각에서다.

강연에서 기록한 노트는 그 자체가 나에게는 공감도 높은 인사이트 백과사전이 된다. 사람을 직접 만나 전수받은 인사이트는 왠지 살아 있다는 느낌을 준다. 그리고 강연에서 꼼꼼히 적었던 기록들은 내가 지금 이 책을 쓸 수 있게 해준 귀중한 재료가 되었다. 책을 쓰기 위해 기록한 게 아니라 열심히 기록했더니 어느 순간 무엇과도 바꿀 수 없는 경험 자산이 된 것이다.

도서관에서 1만 권의 책을 읽고 독서법과 관련한 책을 집필하는 등 다작을 하고 있는 김병완 저자는 《기적의 인문학 독서법》 북포럼에서 자신만의 남다른 독서법을 소개했다. 그는 잘 다니던 회사를 그만두고 도서관에서 오로지 책만 읽었는데, 처음 책을 읽기 시작했을 때 책 한 권을 읽는 데 3주가 걸렸다고 한다. 그런데 책을 덮고 난 후 본인의 머릿속에 남는 것은 하나도 없었다.

그렇게 6개월가량의 시간이 흘렀을 무렵, 그는 자신만의 독서법을 터득했다. 일명 초서법抄書法이라고 하여 책을 읽다가 중요한 부분은 그대로 베껴서 옮기는 방법이다. 이는 중국 시인 두보나 모택동, 다산 정약용 같은 독서의 대가들이 쓰던 방법과 같은 것이었다.

그는 "연필이나 붓으로 적는 순간 손은 뇌와 소통을 해요. 안 좋은 독서법은 읽고 거기서 멈추는 것입니다. 손이 뇌를 깨우게 해야 합니다"라고 했다.

독일의 철학자인 칸트는 '손은 밖으로 나와 있는 뇌'라고 말했다. 손의 모든 신경이 중추신경과 연결되어 있어 활발한 두뇌 활동을 돕는데, 이렇게 모든 지적 활동은 눈보다는 손으로 자극할 때 훨씬 더 강력한 결과를 낳는다. 세계적인 혁신 디자인 기업 IDEO의 CEO 팀 브라운은 그의 저서 《디자인에 집중하라》에서 '손으로 사고하기'의 중요성을 강조했다. 아이디어를 구체적인 프로토타입으로 만들어 내는 속도가 빠르면 빠를수록 그 아이디어를 평가하고 보완해 최상의 해결책을 만들어내는 시간도 빨라진다. 독서로부터의 인사이트를 기록하는 것이든, 아이디어를 구체화하는 것이든 눈으로 새기는 것보다는 손으로 표현하면서 두뇌를 자극하는 것이 훨씬 더 효과적이라는 사실을 기억하자.

평소 해오던 일을 거꾸로 해보라

경험판을 자극하는 방법 중 또 다른 하나는 기존의 익숙한 패턴에서 의도적으로 벗어나는 것이다. 예를 들어 전혀 새로운 환경에 나를 노출시키는 것이다.

시카고에서 유학하던 2008년 가을 학기에 나는 사용자 관찰 방법론Observing Users 수업을 수강했다. 서비스나 제품을 사용하는 사용자의 행동을 관찰하고, 인터뷰 등의 방법을 활용해 고객의 니즈나 불편함을 발견하는 기법을 배우는 수업이었다.

코니퍼 리서치의 대표이기도 한 벤 제이콥슨 교수는 어느 날 우리에게 독특한 과제를 하나 내주었다. 일명 '거꾸로 숙제'였는데, 지금까지 일상생활 속에서 습관적으로 해오던 일들을 거꾸로 해보는 것이다. 그리고 그것을 기록해 어떤 결과가 있었는지 정리해보는 숙제였다. 간단한 예를 들면 서랍장에 넣는 양말과 속옷의 위치를 바꿔 보는 것이다. 두 번째 서랍에 넣던 양말을 맨 위칸으로 옮기고, 속옷들은 그 아래칸으로 옮기는 식이다. 이렇게 일주일 정도 해보고 어떤 변화가 일어나는지 스스로 느껴보라는 것이었다.

나는 그 당시 내가 소속된 대학원 건물에서 시내 중심에 위치한 경영대학원까지 매주 한 번씩 걸어 다녔다. 거리는 약 2~3킬로미터 정도 되었는데, 운동도 할 겸 30분 정도의 시간을 늘 같은 길로 걸어 다니고 있었다. 그래서 나는 숙제와는 별도로 나만의 '거꾸로 숙제'를 한 학기 동안 실천해보기로 했다. 매주 다른 길로 목적지를 찾아가는 것이었다. 평소에 다니던 길은 익숙하긴 하지만 그리 새로운 것들은 없었다. 그러나 매주 다른 대로변과 골목을 거쳐 찾아가는 동안은 모든 것들이 새롭게 다가왔다. 시카고의 건축물들은 세계적으로 유명한데, 새로운 빌딩들의 건축 양식이 눈에 들어왔다. 또 독특한 콘셉트의 숍이나 레스토랑들도 볼 수 있었다. 모든 것이 나에게는 신선한 자극들이었다.

그러던 어느 날, 기왕이면 좀 더 새로운 시도를 한번 해보기로 마음먹고 길거리에서 성경책을 들고 큰 소리로 설교하는 키 큰 흑인 아저씨를 인터뷰해보기로 했다. 대부분의 현지인들도 그 아저씨의 옆을 피해서 지나갈 정도였으니 쉽지 않은 시도였다. 명동에 가보면 온몸에 십자가를 그리고 마이크로 설교하는 사람들이 있는데, 일반인들이 경계하는 것과 마찬가지다.

그런데 그 아저씨는 의외로 친절하게 자신의 이름과 하는 일들을 설명해주었다. 설교자라고 자신을 소개한 그 아저씨는 나라에서 기초생활연금을 받으면서 생활하고 있고, 나름대로 하나님을 독실하게 믿고 있기 때문에 많은 사람들에게 복음을 알리고 싶다고 했다. 그래서 매일 같은 시간 같은 자리에서 그렇게 큰 소리로 외치고 있었다. 대부분의 사람들이 자신을 회피한 반면 한참 동안 자신에게 관심을 가져준 내가 고마워서인지 아저씨는 나를 집으로 초대까지 하는 친절함을 보였다. 그 아저씨는 정신이 이상한 사람은 전혀 아니었다. 단지 표현 방식이 약간 격하고 낯설어 생긴 오해였다. 평소처럼 그냥 지나치면 전혀 경험하지 못할 일들이다.

최근까지도 나는 출퇴근할 때 평소와 다른 길을 이용하기를 즐긴다. 을지로입구역에서 2호선을 타는 것이 가장 빠른 길이지만, 일부러 10분 이상을 걸어 광화문역까지 걸어간다. 거기서 5호선을 타고 방이역에서 내려 집까지 걸어간다. 그러면 지하철 광고도 다른 것들이 눈에 들어온다. 새로 나온 신용카드 혜택을 알리는 광고 문구뿐만 아니라, 지하철의 상점들도 각기 다른 물건들을 파는 게 눈에 보인다.

때때로 방이역에는 동네 미술 학원에서 어린이들과 입시생들의 그림 전시회를 열기도 하는데, 아이들의 기발한 상상력이 고스란히 담긴 그림들을 관람하느라 30~40분씩 시간을 보내기도 한다. 어느 날은 우연히 아들이 그린 그림이 전시된 것을 보고 깜짝 놀란 적도 있다.

이렇게 습관처럼 매일 하던 일, 아무 생각 없이 매번 가던 길을 벗어나면 기존의 것과 전혀 다른 자극들을 만날 수 있다. 새로운 건물, 간판, 가게, 가게 안에 진열된 상품들 그리고 그것을 입어보는 사람들. 그 모든 당연하고 평범한 일상이 의도를 가지고 바라보면 디테일한 자극으로 바뀌게 되는 것이다. 그런 자극들은 현장에서 아주 독특한 영감들로 발전하기도 한다. 물론 대부분의 경우 즉각적인 변화가 일어나지는 않지만 상관없다. 내 경험에 따르면, 쌓인 자극은 사라지는 게 아니라 경험 저장소에 차곡차곡 쌓였다가 필요한 순간 자신도 모르게 연산 작용을 일으키기 때문이다.

자신만의 창의적 콘셉트를 찾고 지속적인 변화와 성장을 이루려는 혁신가들에게는 '자극의 법칙'이 적용된다. 경험판 자극의 개념은 개인의 성장 영역에 국한되지 않으며, 비즈니스 영역에서 새로운 제품이나 서비스를 디자인하는 모든 기획자들에게도 공통적으로 요구되는 행동 원칙이라 할 수 있을 것이다.

POM 렌즈로 관찰하기

개인이 자신의 콘셉트를 개발하고 시장에서 새로운 비즈니스 기회를 포착할 수 있는 방법은 무엇일까? 수많은 방법론이나 툴들이 존재하겠지만, 개인의 자기계발 영역에서뿐만 아니라 회사나 조직에서 사업적 인사이트를 발견하는 효과적인 방법 중 하나는 바로 '관찰하기'다. 앞서 혁신을 설명하면서도 언급했듯이 관찰하기는 고객되어보기와 함께 시장의 진짜 고객과 공감할 수 있는 유용한 수단이기도 하다.

관찰하기는 일상의 삶에서 특정한 주제와 관련된 사람들의 말이나 행동, 서비스 이용 프로세스 등을 의도를 가지고 유심히 들여다보고, 거기서부터 특별한 의미를 찾아내는 사고 활동을 말한다. 내가 말하는 관찰하기는 과학 분야에서 말하는 객관적이고 정량화된 관찰 방법론을 의미하지는 않는다. 어떤 사실이나 현상으로부터 기존에 자신이 생각해왔던 것과 다른 관점이나 의미를 발견하는 것을 말한다. 이러한 발견은 자신의 콘셉트 개발이나 독창적인 아이디어를 발굴하는 토대가 된다.

IDEO의 전 CEO 톰 켈리는 《이노베이터의 10가지 얼굴》에서 이렇게 말했다.

"발견이란 다른 사람들이 이미 보았던 것을 보면서 그들이 생각하지 못한 것을 생각해내는 것이다. 그러나 신선한 눈으로 사물을 관찰한다는 것은 이노베이션 과정의 가장 어려운 부분 중 하나다. 당신의 경험이나 고정관념을 모두 옆으로 젖혀두어야 하는 것이다. 회의적인 생각을 내버리고 어린애 같은 호기심과 열린 마음을 갖춰야 한다. 이런 경이와 발견의 느낌이 없다면 당신 코앞에서 벌어지는 일을 볼 기회는 있어도 투시하지는 못한다."

나는 개인이 생활 속에서 경험하는 다양한 자극들을 제대로 관찰하기 위한 3가지 프레임을 정리했다. POM 렌즈를 끼고 수많은 자극들을 관찰하는 것이다. 사람 People과 사물 Object의 관점에서 자극을 관찰하고 그것으로부터 자신만의 메시지 Message를 뽑아내는 것이다. 이러한 POM 렌즈로 관찰하기는 개인이 콘텐츠를 수집할 때나 제품이나 서비스를 기획할 때도 유용한 도구가 된다.

사람

우리는 삶의 공간 속에서 사람들이 사물을 이용하거나 다른 사람들과 소통하면서 만들어내는 크고 작은 자극들을 목격한다. 출근할 때나 영화를 보는 동안에도 사람과 사람이 이용하는 서비스를 관찰할 수 있고, 가족과 함께 간 마트에서도 사람들이 어떻게 쇼핑하는지 어떤 불편함을 겪고 있는지 관찰할 수 있다.

우리는 흔히 사람들의 말에 따라 현상을 판단하기 쉽다. 그럴 때는 사람들의 기억이 갖는 한계나 무의식적인 거짓말의 속성을 감안해야 한다. 특히 상품을 기획하거나 디자인하는 사람들은 '고객의 말'이 갖는 함정에 주의할 필요가 있다. 인터뷰나 리서치 보고서에서 고객들이 하는 말 중에도 의도적 거짓말이나 무의식적 거짓말들이 포함되어 있기 때문이다. 사람들은 리서치와 같은 인위적 환경 속에서 자신도 모르게 잘못된 정보를 말하는 경우가 많다. 때로는 진실이라고 믿고 말하지만 잘못된 기억인 경우도 있다.

이러한 사람의 말이 갖는 한계를 보완할 수 있는 방법론이 바로 '관찰하기'다. 사람들의 행동을 피상적으로 관찰하는 게 아니라 목적과 의도를 가지고 현상 뒤에 숨어 있는 이면을 보려는 연습을 해야 한다.

일제 강점기 최고의 문장가인 소설가 이태준은 좋은 글을 쓰기 위한 노하우를 잡지에 연재했는데, 이런 말을 한 적이 있다.

"물이 '퍽 맑다'라는 것과 '어찌 맑은지 돌 틈에 엎드린 고기들의 숨 쉬는 것까지 보인다'라고 하는 것은 다르다. 한 사람은 얼른 바쁘게 보았고, 한 사람은 오래 고요하게 보았기 때문이라 할 수 있다."

이는 단지 글쓰기에 국한된 일은 아닐 것이다. '빨리 빨리' 문화 속에서 바쁘게 생활하다 보면 우리는 의미 있는 많은 것들을 놓치기 쉽다. 최근에 내가 관심을 가졌던 사람들의 행동 패턴 중 하나는 보행자의 우측 통행에 관한 것이었다. 몇 년 전 뉴스에서 앞으로는 오랫동안 실시해오던 좌측 보행 제도를 폐지하고 우측 보행 정책을 실시한다는 기사를 본 적이 있었다. 전 세계적인 기준에 맞추고 사람들의 오른쪽 방향으로의 인지 본능을 감안한 것이었다.

그런데 나는 수십 년간 좌측 통행에 익숙해진 사람들의 행동이 하루아침에 쉽게 바뀔 수 있을까 의아했다. 어린 시절 "자동차는 오른쪽 길, 사람들은 왼쪽 길" 노래까지 배우지 않았던가. 그 뉴스를 접한 이후 한동안 나는 지하철이나 백화점같이 유동인구가 많은 공간을 오가면서 사람들을 관찰했다. 예상대로 처음에는 우측으로 통행하는 사람들은 거의 없었다. 대부분 몸에 익숙한 대로 좌측 보행을 하는 것이었다.

그런데 불과 몇 년이 지나지 않은 오늘 아침 지하철 계단을 오르면서 바라본 사람들의 모습은 놀라웠다. 대부분 우측 보행을 잘 지키고 있었다. 오랜 시간 몸으로 익혀온 습관이지만 아주 짧은 시간에 바뀐 것이다. 에스컬레이터를 타고 백화점을 오르내릴 때면 아직도 어느 쪽으로 돌아야 할지 헷갈리긴 하지만, 사회 전반의 제도나 시스템이 사람들의 행동이나 습관을 바꾸는 데 그리 오랜 시간이 걸리지 않는다는 사실을 깨달았다. 단지 바닥이나 벽면에 새겨진 우측 보행 표시 하나만으로도 충분하다. 그만큼 형식과 포맷은 우리의 생각과 행동에 무의식적으로 영향을 미친다.

사물

사람과 함께 또 다른 중요한 자극 요소는 특정한 공간에 존재하는 물리적 환경이나 상품과 같은 사물 자극이다. 사물은 만든 사람의 의도가 밖으로 드러난 것과, 반대로 의도가 숨겨진 것으로 나누어 생각해볼 수 있다. 먼저 직접적으로 의도가 밖으로 드러난 것들

의 예로는 백화점 의류매장에 전시된 새 옷, 아파트 모델하우스, 가
로수길에 잠깐 나왔다 사라지는 팝업스토어, 미술관에 전시된 그림
과 같이 어떤 기획자가 목적을 가지고 불특정 다수의 사람들에게
어필하기 위해 자신의 의도와 생각을 드러내고 있는 것들이다.

   이런 것들은 우리가 마음만 먹으면 언제든지 쉽게 취할 수 있는
돌출형 자극들이다. 물론 그러한 상품이나 사물들을 통해 전달하
려는 의도가 명확히 드러나지 않는 경우도 있지만, 대부분 일반인들
이 쉽게 알 수 있게 디자인되기 때문에 가급적이면 그러한 자극들
이 존재하는 공간들을 자주 찾아다니는 것이 중요하다. 귀찮더라도
주말에 백화점이나 마트, 박물관과 같은 공간을 구경하는 것은 그래

서 의미가 있다. 그리고 그러한 공간에서 그 상품의 디자이너나 서비스 기획자들이 소비자에게 무엇을 어떻게 어필하는지를 살펴보라.

관찰을 하면 의미 있어 보이는 실마리를 발견하게 된다. 거기서 생각을 멈춰선 안 된다. 다시 말해 본인의 생각으로 너무 쉽게 결론을 내리지 말고 한 번 더 뒤집어보는 노력을 해야 한다. 주변에 판매자나 그 상황과 관련된 이해관계자가 있다면 간단한 인터뷰를 시도해보는 것이 좋다. "이 상품은 사람들 반응이 어떤가요? 주로 어떤 사람들이 물건을 사 가나요?"같이 크게 부담 없는 질문부터 시작해 점점 구체적인 질문을 한다. 내 경험에 비춰볼 때 십중팔구는 내가 궁금해하는 것 이상을 친절하게 답변해준다. 결국 관찰하기에서 의미 있는 성과를 얻기 위해서는 숨은 1밀리미터의 디테일을 찾으려는 섬세함과 과감하게 들이대는 적극성이 무엇보다 중요하다.

관찰하기에서 정작 어려운 문제는 숨겨진 자극으로부터 의미를 발견하는 것이다. 의도가 밖으로 드러난 돌출형 자극들과 달리, 의도가 숨어 있거나 아예 특별한 의도는 없지만 누군가의 해석에 의해 의미가 살아나는 음각형 자극들도 있다.

예를 들어 우리가 일상생활 속에서 매일 사용하는 영수증을 한번 생각해보자. 우리는 하루에도 몇 번씩 결제하고 종이 영수증을 받는다. 대충 금액을 확인하고 지갑 속에 넣은 영수증은 다시 볼 일이 없음에도 한동안은 보관하게 된다. 사람들은 왜 영수증을 보관할까? 현장에서 점원에게 찢어달라고 할 수도 있지만, 그 행위는 본인이 직접 하는 경우가 대부분이다. 사람들의 이런 행동은 소비 시점과 실질적인 결제 시점의 차이에서 오는 비용 지출의 불안감 때문에 발생한다. 혹시 뭔가 잘못 처리되면 어떻게 해야 하나 하는 막연한 불안함이 존재하기 때문에 반드시 금액을 확인하거나 귀찮지만 지갑에 일단 집어넣게 되는 것이다. 여기에서 우리는 사람들의 소비 활동에서 '확인' 또는 '안심'이라는 키워드를 뽑아낼 수 있다.

영수증이 줄 수 있는 또 다른 가치는 '추억'이다. 내 책상 서랍 속에는 대학생 시절 일본으로 여행 갔을 때 챙겨온 종이 영수증들이 아직도 보관되어 있다. 그리고 아들과 함께 봤던 영화나 공연의 티켓과 영수증들 역시 쉽게 버리지 않는다. 서랍 속에 보관된 이런 종류의 영수증들은 단순한 결제 금액의 확인이 아니라 특별한 이벤트를 오랫동안 추억하고 기록하고자 하는 니즈를 담고 있는 행위다. 영수증 한 장이 내 기억을 20년 전으로 돌아가게 하는 단초가 되기 때문이다.

사람들이 영수증에 대해 갖는 이러한 가치는 소비자들이 스스로 인지하지는 않지만 기획자들이 발견해야 하는 영역의 것들이다. 현재의 결제 내역 문자 알림과 같은 서비스가 영수증의 '안심'에 대한 소비자의 요구에 부응하는 것이라면, 영수증의 또 다른 가치인 소비의 특별한 '추억'을 담는 것까지는 아직 해결해주지 못한다고 봐야 할 것이다.

이런 식으로 사물은 관심을 갖고 바라보면 특별한 의미를 발견하게 되는 경우가 많다. 그런데 대부분은 쉽게 지나치기 때문에 그 속에 담긴 의미를 잘 보지 못하게 된다. 밖으로 드러나 누구나 볼 수 있는 돌출형 자극뿐만 아니라 삶의 뒷면에 새겨져 잘 보이지 않는 음각형 자극에 눈과 귀를 기울여야만 차별화된 기회를 얻을 수 있다.

| 메시지

일상생활 속에서 우리가 만나는 사람들과 수많은 사물들로부터 깨달음을 얻으면 반드시 자신만의 한 줄 메시지로 정리하고 기록해야만 한다. 사람이나 사물들이 드러내고 있는 메시지를 있는 그대로 받아들이기보다는 자신만의 생각으로 재정리하거나 독창적인 아이디어로 전환시킬 수 있다면 업무에서 즉각적인 성과로 나타나게 될 것이다. 요즘은 자신의 생각을 쉽게 기록하고 저장, 공유할 수 있는 수단들이 매우 잘 발달되어 있기 때문에 메시지화된 기록들은 개인의 성장과 발전을 위한 유용한 콘텐츠로 활용될 수 있다.

2007년 봄, 어느 날 아내가 흥미 있는 이야기를 들려주었다. 강남의 어느 백화점에서 쇼핑하다가 5,000원이 넘는 생수 제품들을 봤다는 것이다. 나는 세상에 그렇게 비싼 물이 어디 있냐며 반신반의했지만, 며칠 뒤 아내와 함께 쇼핑을 갔다가 실제로 고가의 생수만을 진열해놓은 판매대를 발견했다. 누가 저렇게 비싼 물을 살까 싶었지만 불과 몇 분 만에 내 생각이 틀렸다는 것을 깨달았다. 꽤 많은 사람들이 서로 다른 종류의 생수를 하나둘 집어가는 것이었다.

지금은 흔한 일이지만 그 당시만 해도 나에겐 꽤 충격적인 장면이었다. 나는 여러 장의 사진을 찍은 다음 곧바로 백화점 여직원에게 궁금한 것들을 물어보았는데, 최근 들어 부쩍 프리미엄 생수들의 판매가 늘고 있다고 대답했다. 수험생 자녀들을 위해 학부모님들도 많이 사가고 젊은 여성들도 많이 구입한다고 했다.

나는 그날부터 물에 대해 공부하기 시작했다. 먼저 물과 관련된 많은 정보와 아이디어들을 메모하고 기록해두었다. 그리고 얼마 뒤 회사에서 사내 직원들을 대상으로 실시한 신사업 아이디어 페스티벌에 그때 기록해두었던 워터 비즈니스 아이디어를 제안했다. 그 당시엔 아직 법제화가 되지 않았던 해양심층수 분야에 투자하자는 내용과 더불어 워터 카페라는 새로운 개념의 카페 사업을 해보자는 내용이었다. 우리가 언제부터 고가의 커피를 마시고 와인을 마셨단 말인가? 언젠가 물 맛도 음미하면서 마시는 날이 오지 않을까? 이런 황당한 생각을 했다.

제안에 참여했던 대부분의 구성원들이 ICT와 관련된 솔루션 사업 아이디어들을 제안했는데, 나의 물 사업 아이디어는 전혀 예상 밖의 제안이었다. 사람들은 대부분 IT 회사에서 워터 비즈니스를 한다는 게 말이 되냐는 식으로 부정적인 반응을 보였다. 그러나 아이디어의 독창성이 빛난 탓일까, 3개월 동안 여러 단계의 심사 과정을 통과해 결국 4개의 우수 아이디어에 선정되는 행운을 얻었다. 4,000여 개의 아이디어 중 4건 안에 든 것이다. 실제 사업화를 위한 경영층의 승인까지 받았을 뿐만 아니라 그로 인해 회사로부터 파격적인 포상을 받는 영광을 누렸다. 몇 가지 이유로 그 사업 아이디어는 실현되지 못했지만, 나에게는 충분히 의미 있는 도전이었다.

또 다른 사례도 있다. 2009년 가을, 아이폰이 국내에 도입되기 바로 직전 나는 회사에 커피숍과 이동통신 매장을 결합하는 새로운 개념의 유통 채널 아이디어를 제안한 적이 있다. 커피숍을 갈 때마다 매장을 이곳저곳 유심히 관찰하다가 그곳에 온 손님들이 휴대폰을 쉴 새 없이 만지작거리는 모습을 본 것이다. 그때 문득 이런 생각이 들었다. 커피숍에서 고사양의 휴대폰을 판매하면 어떨까?

나는 떠오르는 아이디어의 단초들을 기록해두었다. 그리고 회사의 공식적인 아이디어 접수 채널을 통해 '커피 향 나는 SK텔레콤 어떠세요?'라는 제목으로 아이디어를 제안했다. 여유 있는 시간에 편하게 쉬면서 새로 나온 휴대폰을 미리 사용해보고 현장에서 구매도 할 수 있는 새로운 형태의 유통 채널이 생긴다면, 기존의 통신 대리점의 수익 구조를 개선하고 이종의 매장 간 시너지 효과를 기대할 수 있다는 내용이었다. 과거에 이동통신 대리점을 관리하는 영업 업무를 해본 경험이 있었기 때문에 충분히 가능성이 있으리라 판단했다.

이 제안은 당시엔 너무 급진적인 것이어서 회사에서 받아들여지지 않았다. 그러나 얼마 후 아이폰이 국내에 도입되면서 사람들의 생각과 IT 환경은 순식간에 바뀌었다. 그리고 불과 1년 반 만에 실제로 그 아이디어는 현실이 되었다. 회사에서 커피숍과 통신 대리점이 결합된 컨버전스 유통 매장의 개념을 도입하기로 한 것이다. 나는 실제로 해당 프로젝트에 참여해 커피숍과 통신 대리점이 결합되었을 때 고객들이 느끼게 될 핵심 가치를 발견하고 새로운 매장 콘셉트를 제안하는 작업을 수행했다.

현재 전국에 꽤 많은 컨버전스 매장이 생겨나고 있다. 그 당시 나는 세상의 변화 속도는 우리가 생각하는 것보다 훨씬 빨라지고 있음을 실감했다. 그리고 서비스나 제품을 기획할 때 현재의 사업 환경만을 기준으로 판단하기보다는 그것들이 담고 있는 핵심적인 의미를 해석해 반 발짝 앞선 타이밍을 잡아야 한다는 사실을 다시 한 번 느꼈다.

오늘날 많은 기업들이 기술적 우월함을 무기로 한 발짝 또는 두 발짝 앞선 제품이나 서비스를 시장에 내놓기 위해 애쓴다. 문제는 전문가들로부터 상품의 기술적 진보성을 칭찬받지만, 정작 시장의 고객들로부터는 외면당하는 경우가 많다는 것이다. 해당 제품의 기술자나 기획자들은 '아니, 이렇게 훌륭한 제품을 왜 안 쓰지? 고객들이 아직 이 기술의 훌륭함을 몰라서 그런 거야'라고 생각할 수도 있다. 그러나 고객들은 기술적으로 완벽한 제품보다는 기존에 익숙한 방식을 선호하게 마련이다. 일반적인 소비자들은 새롭게 무언가를 배우거나 적응하는 데 시간과 노력을 들이는 것을 꺼려 하기 때문이다. 아무래도 새로운 방식의 제품이나 서비스에 익숙해지기 위해서는 그만큼의 혜택과 시간이 필요한 법이다.

이처럼 고객의 기대 수준을 너무 앞서 간 제품이나 서비스도 문제지만, 시장의 드러난 트렌드를 좇는 것도 바람직하지 않다. 현상만을 따라가다 보면 결국 적절한 타이밍을 놓치기 때문이다. 결국 시장의 고객들이 원하지만 아직 채워지지 않은 니즈를 발견하고, 고객들이 쉽게 받아들일 수 있는 수준으로 반 발짝만 앞선 기술과 서비스로 제시되어야 한다.

지금까지 사람과 사물로부터의 의미 있는 해석을 메시지로 남기는 것이 얼마나 중요한지를 설명했다. 내가 만약 그 당시 프리미엄 생수나 커피숍에서 사물과 사람의 관계에 관한 자극을 보고도 그냥 지나쳤더라면 어땠을까? 자극을 나만의 메시지로 전환하는 노력을 했기 때문에 새로운 아이디어를 낼 수 있었던 것이다.

비록 그런 메시지들이 즉각적인 아이디어로 전환되지 않더라도 실망할 필요는 없다. 언젠가 필요한 순간에 전혀 새로운 영감으로 살아나 결정적인 도움을 줄 것이기 때문이다. 메시지를 차곡차곡 쌓는 노력은 결국 자신만의 독보적인 콘텐츠를 확보하고 한 줄 콘셉트를 만들 수 있는 기초가 될 것이다.

낯선 공간은 샘솟는 자극제

얼마 전 나는 EBS 프로그램인 〈다큐 프라임〉을 통해 재미있는 실험 결과를 접했다. '황혼의 반란'이라는 제목의 프로그램이었는데, 과거 유명했던 80대 노인분들을 초청해 30년 전으로 돌아가는 실험이었다. 하버드 대학의 앨렌 랭어 박사가 1979년 진행한 시계 거꾸로 돌리기 연구Counterclockwise study를 한국식으로 재설계한 것으로, 여섯 명의 70, 80대 노인들이 일주일 동안 한 집에 살면서 30년 전인 1982년처럼 생활하는 내용이었다.

실험이 진행되는 동안에는 말과 행동을 1982년처럼 하고, 모든 일을 스스로 해결해야만 했다. 그런데 일주일 만에 믿기 힘들 만큼 놀라운 일들이 벌어졌다. 실험에 참여했던 노인들은 신체, 정신 기능뿐만 아니라 피부 상태까지 좋아졌다. 지팡이에 의존할 수밖에 없었던 한 노인은 지팡이 없이 걸어 다니기까지 했다.

몸과 마음이 하나이기 때문에 내가 젊다고 생각하면 몸도 함께 젊어진다는 사실은 너무나 당연한 것처럼 보였지만, 정작 내가 이 실험에서 주목했던 것은 환경적인 자극에 관한 것이었다. 노인들이 머문 장소는 30년 전의 가정집처럼 꾸며졌다. 저녁에는 추억의 드라마 〈전원일기〉를 시청했고, 라디오에서도 옛날 노래들이 흘러나왔다. 아침에는 1982년에 즐겨 마시던 병우유와 함께 그 당시의 신문이 배달되었다. 매우 단순한 실험 같지만, 생각의 변화가 우리의 신체와 정신 건강에 실제로 어떻게 영향을 주는지 그리고 물리적인 환경이나 규칙 정하기가 생각을 변화시키는 데 얼마나 큰 영향을 미치는지 확실히 이해할 수 있었다.

생각의 변화를 강화하거나 새로운 생각과 아이디어를 발상할 때 환경적 측면을 반드시 고려해야 한다. 내가 일하는 회사의 사무실은 지금은 사옥 이전 때문에 임시 사무실을 사용하고 있지만, 얼마 전까지만 해도 공간 인테리어나 사무실의 소품조차 창의적이고 독특한 모습을 띠고 있었다. 혁신적인 아이디어나 서비스 콘셉트를 제안하는 업무의 특성을 고려해 회사에서 지원해준 것으로, 구글이나 IDEO 같은 이노베이션 기업들의 사무 환경을 벤치마킹해 사무실을 창의적으로 디자인했다. 사무실에는 한쪽에 멋진 그네가 달려 있었고, 프로젝트 룸 옆에는 침대가 있어서 언제든 누워서 휴식을 취할 수도 있었다. 또한 많은 양의 도서와 잡지들이 비치되어 있어 크고

아이디어 발상 워크숍 장면

작은 자극제로 활용하기도 했다.

　이런 창의적 공간을 확보하는 것이 얼마만큼의 효과를 나타내는 지 정량적으로 측정할 수는 없다. 그러나 확실한 것은 기업이나 개인의 혁신에 있어서 인위적이더라도 창의적인 근무 환경과 제도를 갖추고 있는가는 매우 중요하다. 환경이나 시스템은 점진적으로 사람들의 사고와 행동 방식에 영향을 미친다. 알록달록 창의적으로 꾸며진 인테리어 공간이나 이색적인 소품들이 갖춰진 공간에서는 내 몸과 마음 역시 그 공간에 맞추려는 경향이 있기 때문이다.

　HCI 팀에서는 새로운 서비스 아이디어를 발상하거나 혁신 방법론을 교육할 때 다양한 소품들을 활용한다. 괴상하게 생긴 가발이나 카우보이 모자를 쓰기도 하고, 호피무늬 천을 몸에 걸치기도 한다. 또 잡지나 디자인 관련 책들을 잔뜩 책상에 올려놓고 인상적인 부분을 찢어서 자극제로 활용하기도 한다. 사실 혼자 하려면 무척 어색한 일이지만, 그런 환경을 만들어놓으면 의외로 사람들은 변화된 형식과 포맷에 걸맞게 사고하고 행동한다. 사람들은 이러한 변화된 환경에서 평소에 생각하지 못했던 아이디어를 훨씬 쉽게 발상할 수 있을 뿐만 아니라 보다 즐겁게 일할 수 있다. 최근 수많은 기업들이 큰 비용을 들여서라도 근무 환경을 독창적이고 말랑말랑하게 디자인하는 것도 바로 그런 이유일 것이다.

막걸리 만드는 후배, 미술 학원에 간 선배

얼마 전 저녁 시간, 회사 후배가 갑자기 회의실로 들어오더니 막걸리 한잔을 마셔보라고 권한 적이 있다. 후배는 "제가 요즘 막걸리 만드는 법을 배우고 있거든요. 이게 제가 어제 만든 사과 맛 막걸리인데 어떠세요?"라고 하는 것이었다. 막걸리라기보다는 음료수 같은 느낌이었지만, 그래도 본인이 만든 막걸리에 자부심을 느끼는 듯했다.

후배는 평소에도 다양한 경험을 쌓기 위해 이곳저곳을 찾아다닌다. 주말에는 자전거 동호회나 마라톤을 하기도 하고, 휴가 때는 태국의 슬로우 라이프^{Slow Life} 프로그램에 참여하기 위해 여행을 떠난다. 게다가 이런 경험들을 혼자만의 것으로 끝내는 게 아니라 기록

미술학원 스케치 장면

으로 남겨서 동료들과 공유하는 시간을 가진다. 언젠가 자신이 어려서부터 자주 가던 홍대의 거리 문화에 대해 자신만의 시각으로 해석한 내용을 부서 내에서 발표한 적이 있는데, 동료들로부터 좋은 반응을 얻었다.

나 역시 새로운 영감을 얻기 위해 다양한 자극 공간을 활용한다. 얼마 전에는 태어나서 처음으로 회사 근처의 미술 학원에서 스케치 기초를 배운 적도 있다. 마흔의 나이에 미술 학원을 다닌다고 했더니 친구들은 하나같이 모두 놀렸다. 이런 놀림에도 내가 미술 학원을 등록하고 스케치를 배우는 이유는 머릿속에서 떠오르는 아이디어를 쉽게 그림으로 표현하는 스킬을 배우기 위해서였다. 몇 달 만에 그림 실력이 월등히 향상된 것은 아니었지만, 몇 가지 좋은 경험들을 할 수 있었다. 가족들을 동반해 삼청동 미술관 투어에도 참여해봤는데, 미술 선생님들로부터 그림 보는 방법에 대해서도 배울 수 있었다.

미술 학원에서 또 하나 잊지 못할 경험이 있는데, 평생 처음으로 누드 크로키에 참여해본 것이다. 영화에서 나오는 장면 정도로 생각했던 여자 누드 모델을 직접 보면서 그림을 그리는 경험은 어색했지만 너무나 신선했다. 아내에게 미리 얘기했다가 그런 걸 왜 하냐며 크게 꾸지람을 듣기도 했다. 사실 아직도 아내는 내가 그 시간에 실제로 참여한 사실을 모르고 있다. 참여한 학생들 역시 대부분 여자들이어서 처음엔 더 민망했지만, 신기하게도 10분 정도 지나니 나도 모르게 서서히 긴장감이 사라지고 그림에만 집중할 수 있었다.

미술 학원을 몇 개월간 다닌 경험으로 나는 전혀 다른 세상을 체험할 수 있었다. 물론 이런 자극들은 업무에 바로 쓰이기보다는 내 몸속 어딘가에 축적되었다가 필요한 시점에 기발한 영감으로 튀어나온다는 사실을 나는 알고 있다.

또 다른 자극 공간으로 나는 서점을 자주 이용한다. 나는 오랫동안 서울 종각역에 위치한 영풍빌딩 10층에서 근무했다. 내가 그곳에서 근무하는 것을 가장 좋아했던 이유는 지하 1층에 영풍문고가 있었기 때문이다. 프로젝트를 하다가 뭔가 아이디어가 필요하거나 새로운 영감이 필요할 때 나는 곧바로 엘리베이터를 타고 지하 서점으로 내려갔다. 어떤 영역의 주제든 서점에는 수많은 자극들이 펼쳐져 있다. 분야별로 차곡차곡 정리까지 되어 있으니 금상첨화다.

사무실을 을지로입구역 근처로 옮긴 이후로는 점심 시간을 활용해 서점을 찾고는 했다. 최근에는 서점에서 내가 쓰고 있는 책의 주제와 관련해 아이디어를 얻는 데 큰 도움을 받고 있는데, 자기계발과 관련된 책들보다는 오히려 여행이나 역사서같이 전혀 다른 영역의 책들로부터 영감을 얻는 경우가 많다.

이처럼 우리는 익숙한 환경에서부터 벗어나 새롭고 어색한 공간에 스스로를 노출시켜야 한다. 나이가 많든 적든 그런 경험들이 쌓이면 궁극적으로 탁월한 결과물을 만들어낼 수 있다.

●

익숙한 것들과 결별하라

《일본 제국은 왜 실패하였는가》는 여러 명의 일본인 학자들이 제 2차 세계대전에서 일본이 패배한 원인을 과학적인 분석을 통해 규명한 책이다. 이 책은 그 분석 대상과 사례를 일본 제국의 군대 조직으로 한정했지만, 조직의 혁신과 전략적 판단의 중요성 등에 대해 매우 깊이 있게 다루고 있어 오늘날 기업 조직의 혁신 이슈에도 그대로 적용할 수 있는 통찰을 준다.

조직이 진화하기 위해서는 창조적 파괴에 의한 돌출 현상이 필요하다. 의도적 파괴를 통해 조직은 끊임없이 변이, 긴장, 위기감을 발생시키고 이런 의도적 불균형Unbalance을 통해서만 지속적인 진화가 가능하다. 일본군은 청일전쟁과 러일전쟁을 거치면서 백병전사상과 함대결전주의가 육해군의 전략 원형이 되었고, 제2차 세계대전까지 그 사상이 이어졌다. 일본군 실패의 최대 본질은 2가지 전략 원형에 너무나 철저히 적응해버리는 바람에 학습 기각Unlearning, 기존의 지식을 깨는 것을 이루지 못했고, 그로 인해 제국의 군대 조직 전체가 자기 혁신 능력을 잃어버렸기 때문이라고 이 책은 분석하고 있다. 결국 적응이 적응 능력과 혁신의 발목을 잡는 모순을 초래한 것이다.

　개인의 콘셉트 개발과 실천 과정에서 우리가 부딪히게 되는 장애 요소 중 하나는 바로 '적응'이다. 어떤 상태가 지속되면 인간은 내성이 생기고, 그에 최적화하는 탁월한 능력을 가지고 있다. 이러한 적응의 과정에서 많은 것들이 조화와 균형을 찾게 된다. 이 구조는 한동안 지속되지만 균형 상태는 늘 외부 충격에 의해서 깨지기 마련이다. 세상은 수많은 상호 관계의 클러스터들이 거미줄처럼 얽히고설켜 경쟁하면서 변형이 일어나기 때문에 자신의 의지와 관계없이 불균형 상태를 맞게 되어 있다. 마찬가지로 불균형 상태에서 우리는 다시금 균형을 찾아가는 노력을 하게 된다. 시간이라는 변수가 있긴 하지만, 균형-불균형-균형 상태가 계속 반복되는 것은 자연의 섭리와도 같다. 거대한 문명의 역사에서부터 개인의 삶 속에서 예외 없이 나타나는 현상이기 때문이다.

　이렇게 다소 추상적인 이야기를 하는 이유는, 그 패턴 속에 변화와 혁신에 성공한 혁신가들의 비밀이 숨어 있기 때문이다. 혁신가들은 불균형 상태에 머물기를 마다하지 않는다. 균형 상태에서 일부러 불균형을 창조하기도 한다. 그들은 익숙한 것에 낯선 것을 충돌시킨다. 그 충돌 속에서 새로운 변이와 자가 발전이 일어나기 때문이다. 이것이 우리가 반복적인 일상의 삶에서 계속해서 낯선 자극을 경험하고 새로운 활력을 불어넣어야 하는 이유다.

크로스경영연구소 최재윤 대표는 "새로운 변화와 혁신이 일어나기 위해서는 일정한 혼란을 겪어야 합니다. 탄탄한 조직 구조 안에서는 새로운 이데올로기나 아이디어가 싹을 피우기 어렵습니다"라고 말했다. 고착화된 시스템이나 사고 체계 내에서는 창의적이고 혁신적인 모험을 시도하지 않기 때문이다.

적응이 변화와 혁신을 방해한다는 비밀을 알고 나서 나는 억지로라도 낯선 곳에 몸을 던지려고 노력한다. 사실 내성적인 성격과 소셜 콤플렉스 탓인지 낯선 사람과 새로운 환경에 노출될 때마다 엄청난 부담감을 느끼지만, 그래도 대부분의 경우는 만족스럽다. 시도하지 않고 후회하기보다는 시도하고 후회하면 경험이라도 남지 않겠는가?

CHAPTER 06

콘텐츠가
당신에게 남긴 것들

콘셉트 인사이트 5

콘텐츠

개인의 '한 줄 콘셉트' 개발 과정에서 우리가 염두에 두어야 할 것은 자신만의 콘텐츠 영역을 개척하는 것이다. 이를 통해 우리는 자신의 내적 성장뿐만 아니라 실질적인 결과물을 만들어낼 수 있어야 한다. 콘텐츠 확보는 자신만의 한 줄 콘셉트를 만들어가는 데 필수적이다. 이번 장에서는 일상생활에서 콘텐츠를 축적하고 활용하는 데 유용한 책 쓰기, 기록하기, 사람 만나기 등의 방법들에 대해 이야기하고자 한다.

무조건 기록하라

●

.

    인간은 기껏해야 100년을 살다가 바람처럼 사라져간다. 이러한 인간의 유한성은 기록이라는 오래된 본성을 남겼다. 아주 먼 과거의 인류는 동굴에 암각화를 그리는 방식으로 자신들의 존재를 드러내고자 했으며, 결국 문자를 만들어 후대의 사람들에게 오늘 일어난 일들을 훨씬 더 구체적이고 정확하게 전달해줄 수 있게 되었다.

    불과 20여 년 전까지만 해도 많은 사람들이 일기를 썼다. 비록 매일 쓰지는 않더라도 중요한 의미가 있는 일들을 기억하기 위해 사람들은 하루를 정리하는 시간을 가졌다. 또 멀리 있는 친구나 가족에게 시간과 정성을 들여 편지를 쓰는 것은 일반적인 삶의 방식이었다. 짝사랑하는 이성 친구에게 밤새워 썼던 편지의 내용은 수십 년이 지난 지금도 선명하게 기억하고 있다. 그런데 언제부터인가 우리는 일기나 편지 같은 아날로그 방식의 기록 행위를 하지 않게 되었다.

400만 원이나 하는 팔뚝만큼 큰 휴대폰이 시장에 처음 선보였을 때, 어느 누구도 오늘날과 같은 소통 방식의 급격한 변화를 예상하지 못했을 것이다. 처음에 휴대폰은 일부 돈 많은 사람들의 사치품 정도로 취급되었지만, 결국 절대적 편의성은 수요를 자극했고 기술은 가격을 떨어뜨렸다. 그리고 지금은 통화만을 위한 일반 폰을 사용하는 사람을 찾아보기 힘들 정도로 많이 달라졌다. 최근에는 3G를 넘어 LTE급의 데이터 전송 속도와 고화질의 스마트폰을 사용하는 게 당연한 것이 되었다.

사실 생각해보면 이 모든 변화가 불과 20여 년 만에 벌어진 일이다. 이 기간은 아날로그 방식의 소통과 기록의 퇴보 시기와 맞물린다. 손 편지를 쓰는 대신 우리는 버튼 몇 개만 누르면 언제 어디서든 원하는 사람과 연결된다. 또 내 친구가 주말에 어디에서 뭘 하는지도 실시간으로 알 수 있다. 글과 사진을 올리는 즉시 댓글을 달아 관심을 표현하기도 한다. 사람들은 자신의 SNS에 사진과 글을 남기는 방식으로 일기 쓰기를 대신하고 있다. 더 이상 옛날처럼 별도의 시간과 노력을 기울여 기록을 남기지 않더라도 같은 목적을 충분히 달성할 수 있게 되었다. 그야말로 생활 속에서 일어나는 다양한 이벤트들을 메모나 사진 등의 방식으로 스마트하게 기록하는 '스마트 캡처링Smart Capturing'의 시대가 된 것이다.

그런데 여기서 몇 가지 이슈가 발생한다. 먼저 생각의 깊이에 관한 문제다. 새로운 형태의 기록 방식으로 인해 편리함이라는 강력한 혜택을 얻었지만 그러한 방식들이 생각의 깊이까지 담아내고 있는지는 장담할 수 없다. 오늘날 대부분의 모바일 SNS는 콘텐츠 생산과 소비의 즉시성이라는 속성을 가진다. 즉 정보를 현장에서 쉽게 생산하고, 그 정보를 거의 실시간으로 다른 사람들과 함께 소비하는 특징이 있다. 텍스트보다는 이미지 위주로 콘텐츠를 소비하는 것 역시 모바일 콘텐츠의 즉시성과 관련이 크다. 또한 SNS의 공유성은 사람들로 하여금 자신의 진솔한 생각을 드러내기보다 다른 사람들을 의식해 표면적인 내용만을 담아내게 하는 문제점도 있다.

또 다른 문제는 콘텐츠의 소스 분산에 관한 것이다. 사람들은 스마트 기기를 활용해 수많은 정보 소스를 생산한다. 사진, 화면 캡처, 뉴스 URL, 메모 등 많은 정보를 생산하지만 이 모든 정보는 시간이 지나면서 체계화의 문제가 생긴다. 사진 이미지만 하더라도 수천 장이 저장되어 있지만 쉽게 관리할 수 없다. 사진과 메모가 별개로 존재해 생각의 시너지를 내는 것도 쉽지 않다. 그러한 의미에서 자신만의 콘텐츠를 기록으로 남기고 체계화하는 스마트 캡처링은 매우 중요한 의미를 갖는 생활 습관이자 변화의 시발점이다. 스마트 캡처링은 기본적으로 스마트 기기를 활용하는 것을 의미하지만, 경우에 따라서는 기존의 아날로그 방식으로 캡처링의 시너지를 낼 수도 있다. 어떠한 방식이건 스마트 캡처링은 자신만의 콘텐츠를 축적하고 활용하는 것을 목적으로 한다.

'머리를 9하라'라는 주제로 인상적인 강연을 펼친 정철카피의 정철 대표는 평소 메모 습관의 중요성을 강조했다.

"새로운 생각이 분수처럼 샘솟는 사람이 따로 있는 것이 아닙니다. 생각은 누구나 떠오르는데 떠오르는 그 순간 내 것으로 붙잡는 사람이 있는가 하면, 그 자리에서 슬그머니 놔버리는 사람이 있는데 이 차이는 나중에 엄청난 차이를 가져옵니다. 자기 것으로 붙잡는 사람은 메모를 하는 사람입니다. 간단하게라도 몇 줄 메모하면 지금 당장은 활용을 못하더라도 나중에 내공이 쌓이면 충분히 발전시킬 수 있습니다."

정철 대표는 메모 습관과 관련해 자신의 재미있는 사례를 한 가지 소개했다. 샤워하면서 머리를 감다가 기발한 생각이 떠올랐다고 한다. 머리를 감으면 머리만 깨끗해지는 게 아니라 손톱도 같이 깨끗해진다는 생각이다. 당장 어디에 메모할 수 없어서 하얗게 김이 서린 목욕탕 거울에 '손톱'이라고 적어놓았다. 그리고 목욕탕을 나서면서 곧바로 방에 있는 아이디어 노트에 메모를 했다고 한다. 그 키워드를 당장 어디에 쓸 수 있는 것은 아니었지만, 언젠가 쓰이겠지 하는 심정으로 메모를 해둔 것이다.

그리고 시간이 한참 지나 그 메모는《내 머리 사용법》이라는 책에서 '깨끗한 손톱을 갖는 법'이라는 멋진 글로 빛을 보게 되었다. "깨끗한 손톱을 갖고 싶으면 손톱에게 일을 시켜야 합니다. 머리를 감으면 손톱이 저절로 깨끗해집니다. 설거지를 하면 손톱은 저절로 깨끗해집니다."

만일 그날 아침 머릿속에 떠오른 키워드를 거울에 대충이라도 적어놓지 않았다면 어떻게 되었을까? 정철 대표는 100퍼센트 기억 속에서 사라졌을 거라고 한다.

나는 이런 것이 스마트 캡처링이라고 생각한다. 기록의 방식은 두 번째 문제고, 기록하느냐 하지 않느냐가 모든 차이를 결정한다.

스마트 캡처링, 목적부터 스마트하게

앞서 언급한 것처럼 생산하는 정보의 소스가 분산되거나 깊이 있는 생각이 담긴 기록 행위가 일어나지 않는 이유는 무엇일까? 바로 활용 목적이 불분명하기 때문이다. 어떻게 활용할지 모르니 어떤 방식으로 기록하고 분류할지도 애매한 것이다. 습관처럼 메모하거나 사진을 찍지만, 시간이 지나면 수많은 폴더나 SNS의 어느 한구석에 처박혀 있어서 필요할 때 찾아보기조차 힘들다.

나는 콘텐츠를 기록하거나 캡처할 때 사용처를 미리 고민한다. 책을 쓰거나 업무상 필요한 인사이트로 활용할 것인지, SNS에 가볍게 올릴 용도인지, 또는 단순 메모나 사진으로 다시 볼 가능성이 크지 않은 것인지 미리 사용처를 생각하는 것이다.

가령 누군가의 강연회에 참석한 경우 나는 강연회의 내용을 타이핑(또는 수기)−녹음−명함−사진 세트로 패키지화해 폴더별로 분류한다.

사실 나의 이런 패턴은 책을 쓰기 위해 만들어진 습관이 아니다. 책을 쓰기 훨씬 이전부터 해오던 습관인데, 어느 날 책을 써야겠다고 마음먹은 순간 그 자료들은 돈을 주고 살 수 없을 만큼 소중한 자산이 되었다.

사람의 기억은 시간이 지나면서 매우 제한적이고 편향적이다. 이런 기억의 한계를 극복할 수 있는 것이 바로 기록이다. 변화와 혁신을 꿈꾸는 사람이라면 먼저 자신의 콘텐츠를 가지고 있어야 한다.

콘텐츠는 하루 아침에 쌓이지 않는다. 작은 것 하나라도 기록하는 습관을 들이자. 기록하는 습관에 시간이라는 요소가 더해지면 분명 자신만의 콘텐츠 영역을 만들 수 있다. 콘텐츠 영역은 자신의 꿈, 콘셉트의 영역과 일치할 때 훨씬 강한 힘을 발휘하게 된다. 또한 기록하고 캡처할 때 용도를 명확히 한다면 훨씬 더 효과적이고 유용하게 콘텐츠를 모으고 활용할 수 있을 것이다.

아날로그와 디지털을 활용한
기록 방법

    콘텐츠를 생산하기 위한 캡처 방법들은 생각의 깊이를 더하고 소스들을 체계적으로 관리하는 데 목적이 있다. 이 방식은 기록 목적에 따라 아날로그와 디지털을 적절히 활용할 수 있다. 각자의 목적과 스타일에 따라 다양한 방법들이 활용될 수 있겠지만, 여기서는 내가 최근 몇 년간 직접 활용하면서 효과를 본 방법들을 소개하고자 한다.

인간의 뇌를 가장 잘 활용하는 방법, 마인드맵

나는 전문가들을 만나 인터뷰를 하거나 상품을 이용하는 고객의 모습을 관찰하면서 인사이트를 찾고 새로운 아이디어를 발굴하는 일을 한다.

그런데 처음 이 업무를 시작했을 무렵, 나는 한 가지 문제에 봉착했다. 3시간 정도 진행하는 인터뷰에서 고객들의 이야기를 노트에 열심히 받아 적어도 나중에 분석 과정에서 고객이 말한 이야기가 제대로 기억나지 않는 것이었다. 질문자는 고객과 열심히 인터뷰를 하고, 나는 열심히 고객의 이야기를 필기만 했음에도 고객의 의도를 정확히 알아내지 못하는 경우가 빈번했다. 하나라도 놓치지 않고 받아 적으려다 보니 정작 그 말을 하는 의도나 맥락은 놓치기 일쑤였던 것이다.

나는 이런 문제를 해결하기 위해 여러 가지 방법을 알아보다가 토니 부잔의 《마인드맵 북》이라는 책을 접하게 되었다. 마인드맵Mind-Map은 하나의 중심 이미지에서 출발해 관련 단어나 이미지들을 방사형으로 확장해나가는 사고의 발상 기법이다. 토니 부잔은 역사 속의 수많은 천재들의 노트법을 분석한 결과, 방사형 사고 구조가 인간의 뇌를 가장 잘 활용하는 방법임을 발견했다고 한다.

인간의 뇌는 수천 억 개의 뇌세포로 구성되어 있는데, 각각의 세포들은 방사형으로 연결되어 있다. 이런 방식의 정리 방법에 대해서는 예전부터 알고 있었지만, 실제로 생활 속에서 활용해본 적은 없었다. 특히 업무에 활용해서 과연 효과가 있을까 싶었는데, 이런 걱정은 금방 사라졌다. 몇 번의 연습을 거쳐 실제 인터뷰에서도 활용하기 시작했는데 분명 효과가 있었다. 지금은 인터뷰 정리나 새로운 아이디어 발상뿐만 아니라 감명 깊게 읽은 책을 한 장으로 요약할 때도 마인드맵을 활용한다.

방사형의 정리 구조는 사고를 제한하지 않을 뿐만 아니라, 정리된 키워드들 사이의 조합을 통해 연관 이미지나 전혀 새로운 아이디어의 발상을 돕는다. 이는 마인드맵 그리기의 방사형 사고, 이미지 활용, 구조화 등의 특성으로 인한 것이다.

나는 얼마 전 마인드맵을 좀 더 체계적으로 배우고 업무에 더 잘 활용하기 위해 마인드맵코리아에서 진행하는 마인드맵 지도사 자격증을 취득했다. 주말 이틀 동안 열심히 배우고 집으로 돌아온 나는 거실에서 TV를 보고 있는 어린 아들에게 마인드맵 그리기를 제안했다. "동우야, 지난 크리스마스 때 있었던 일들을 그림으로 정리해볼까? 아빠가 도와줄게."

갑작스런 내 제안에도 아들은 즐거워하며 색연필과 도화지를 챙겨왔다. 마인드맵의 개념에 대해 설명하지도 않고 약간의 도움만 주었을 뿐인데, 쉽게 크리스마스 때 있었던 일들을 그림과 키워드로 정리해냈다. 아이는 산타할아버지의 선물과 제주도 여행에서 있었던 일들을 하나하나 그려갔다. 아이가 마인드맵을 곧잘 하는 것을 보니 조금 더 욕심이 났다. 나는 아이에게 마인드맵으로 그린 내용을 일기로 옮겨보라고 했다. 평소에는 5줄 정도만 써도 더 이상 쓸 내용이 없어 힘들어했는데, 놀랍게도 이날은 3장 정도의 분량을 작성했

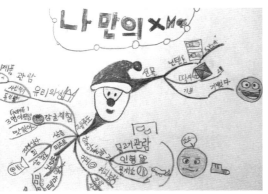

마인드맵 예시

다. 무척 놀라운 일이었다. 그리고 매우 기뻤다. 아이에게 새로운 학습 방법을 가르쳐줘서가 아니라 앞으로 아이의 눈높이에 맞춰서 함께 놀 수 있는 방법을 찾았기 때문이었다. 마인드맵은 직장인인 나에게도 아빠인 나에게도 큰 도움을 준 매우 고마운 아날로그 기록법인 셈이다.

유연한 사고 확장의 도구, 포스트잇

직장인으로서 내가 가장 자주 활용하는 기록 방법 중 하나는 포스트잇Post-it이다. 포스트잇과 펜 하나만 있으면 언제 어디서든 기록할 수 있고, 여러 장의 기록들을 쉽게 클러스터링Clustering, 같은 성격끼리 묶기 할 수 있다. 포스트잇은 단순한 기록을 넘어 사고의 유연성을 키우고 생각을 재조합할 수 있다는 장점이 있다. 포스트잇을 활용하는 몇 가지 방법을 정리하면 다음과 같다.

① **하나의 사실이나 인사이트를 완성형 문장으로 작성한다.** 예를 들면 '쇼핑=오아시스'와 같이 키워드 중심으로 기록하는 것보다는 "쇼핑은 사람들에게 일상의 지루함에서 벗어날 수 있는 오아시스와 같다"처럼 완성형 문장으로 작성해야 한다. 그래야 아무리 시간이 지나도 세세한 의미를 파악할 수 있고, 남들이 보고 다른 해석을 하지 않게 된다.

② **작성하는 내용의 종류에 따라 다른 색깔의 포스트잇을 활용한다.** 팩트는 노란색에 적고, 내가 생각하는 인사이트는 빨간색에 적는 식으로 기록하는 것이다. 여러 개의 포스트잇이 쌓이면 나중에는 이게 내 생각인지 다른 사람이 말한 내용인지 헷갈리기 때문에 미리 구분해 정리하는 것이 효과적이다.

③ **마지막으로 포스트잇을 같은 특징끼리 분류해 묶는다.** 유사한 내용의 포스트잇끼리 분류한 후 그 내용을 대표하는 한두 단어의 핵심 키워드를 뽑아낸다. 포스트잇의 가장 큰 장점 중 하나는 쉽게 뗐다 붙였다 할 수 있다는 것이다. 기준이 되는 키워드

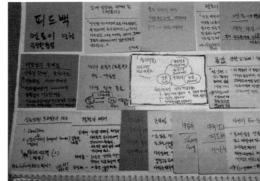

포스트잇 활용법의 예시

나 인사이트를 무엇으로 하느냐에 따라 자유롭게 이동 가능하기 때문에 다차원적인 사고를 하는 데 도움이 된다. 나는 작성한 포스트잇을 붙여두는 작은 스케치북을 가방에 넣어 다니는데, 필요한 경우 유리창이나 벽면 등을 활용해 클러스터링 작업을 하곤 한다.

백마디 말보다 사진 한 장, 클라우드

어느 날 오후, 길을 걷다가 최근에 진행하고 있는 신사업 프로젝트에 힌트가 되는 기막힌 장면을 목격했다고 가정하자. 대부분 세상에서 가장 성능 좋은 카메라인 두 눈으로 캡처를 하고 머릿속에 저장한 후 지나치게 된다. 가방을 꺼내 노트에 메모하는 것은 여간 귀찮은 일이 아니다. 더구나 사진을 찍으려고 하면 괜히 주변 사람들 눈치도 보이기 때문에 그냥 포기해버린다.

그런데 막상 다음 날이 되면 어제 본 장면을 활용하게 되리란 보장이 없다. 어제 오후부터 오늘 아침까지 발생한 수많은 사건들 속에 그 장면은 쉽게 묻혀버리기 때문이다. 비록 기억이 떠올라 동료들에게 한참 설명하더라도 직접 보지 않는 한 쉽게 이해하지 못한다. 그제야 어제 그 장면을 사진으로 찍어둘걸 하고 후회하지만 소용없다. 다시 그런 장면을 목격하기란 쉽지 않다.

최근 많은 사람들이 스마트폰의 다양한 메모 앱을 사용하고 있는데, 특히 메모와 사진을 동시에 담을 수 있는 클라우드Cloud 방식의 앱을 활용하는 것이 좋다. 메모와 사진을 따로 관리하면 별도의 수고를 들여 분산된 소스를 정리해야 하는 부담이 크기 때문이다. 이렇게 이미지와 메모를 결합해 기록할 때 정보의 활용 가치는 높아진다.

나는 생각을 체계적으로 정리하기 위해 클로즈드Closed형 SNS를 활용한다. 친구나 지인들 간에 폐쇄적으로 이벤트나 의견을 주고받는 데 유용한 앱이지만, 나는 멘토 두 명과 함께 서로의 생각과 인사이트를 정리하는 툴로 활용하고 있다. 각각의 장단점이 있지만, 페이스북 등의 오픈형 SNS가 주는 노출과 알림 노이즈 등의 단점을 보완할 수 있는 수단이 필요했다.

자신이 생각하는 삶의 가치에 관한 것에서부터 책에서 발견한 좋은 문구에 이르기까지 자신의 생각을 정리하고 공유, 피드백하는 과정을 통해 사람들은 함께 성장할 수 있다. 특히 최근에는 이미지 중심의 소통 방식이 보편화되고 있어 구구절절 말하지 않아도 사진 한 장으로 많은 것을 담아낼 수 있어 사용하기 매우 편리하다.

개인의 콘텐츠 생산과 콘셉트 개발을 위해 우리는 작은 것 하나라도 기록하는 습관을 가져야 한다. 특히 아날로그와 디지털 방식을 조화롭게 사용하는 것이 좋다. 각자 지금 하고 있는 방식이 최선이 아닐 수 있기 때문에 의도적으로 몇 가지 다른 방법을 시도하면서 자신만의 노하우를 만들어가면 된다. 분명한 사실은 의도를 가지고 차곡차곡 쌓은 기록들은 시간의 경과와 체계화된 정보의 양에 비례해 가치가 상승한다는 것이다. 작은 것 하나라도 기록하고 캡처하자.

나만의 책으로 콘셉트를 말하라

　내가 처음 혁신 고수들의 강연회에 참석하기 시작했을 무렵, 고수들은 대부분 책을 통해 자신의 생각과 경험을 표출하고 있다는 사실을 알게 되었다. 그런데 그들이 끊임없이 자신의 책을 쓰는 이유에 대해서는 깊이 생각해보지 못했다. 그저 돈을 벌기 위한 수단이 아닐까 막연하게 추측할 뿐이었다.

　그런데 저자들을 직접 만나 그들의 생각을 듣고 공감하면서 책을 쓰는 이유가 그런 표면적인 이유 때문이 아니라는 사실을 알게 되었다. 내가 만나본 저자들에게는 한결같은 공통점이 있다. 한두 권의 책을 쓰고 마는 것이 아니라 모두 다작을 한다는 사실이다. 그렇다면 그들은 왜 계속해서 책을 쓰는 걸까?

　더퍼포먼스 류랑도 대표는 지금까지 약 25권의 책을 썼는데, 자신이 책을 쓰는 이유는 스스로 진화하기 위한 디딤돌로 활용하기 위해서라고 했다. 자신의 생각이 진화하는 모습을 책을 쓰는 과정에서 볼 수 있다는 것이다.

《일생에 한번은 고수를 만나라》의 한근태 저자는 어떤 분야에서 전문가로서 자신을 알리는 가장 좋은 방법은 바로 책을 쓰는 것이라고 했다. 사람들은 자신을 전문가라고 하지만 해당 주제와 관련해 한 챕터도 못 쓰는 경우도 많다는 것이다.

수많은 책을 집필하고 있는 공병호 박사는 한 강연에서 이렇게 말했다. "책을 쓰는 것은 마치 맨해튼에 빌딩을 쌓는 것과 같아요. 책한 권이 빌딩 하나라고 본다면, 수많은 빌딩을 쌓고 나면 결국에는 빌딩과 빌딩 사이로 도로망이 연결되는 것과 같습니다." 책을 쓰면 결국 각 분야의 지식들이 자유롭게 연결된다는 의미일 것이다.

과연 내가 만나본 모든 저자들은 하나같이 체계화된 사람들이었다. 자신이 쓴 책과 관련된 분야에서 자신의 생각과 주장이 처음부터 끝까지 물 흐르듯 흘러간다. 누가 어떤 질문을 하더라도 막힘이 없다. 그도 그럴 것이 한 권의 책을 쓰기 위해 얼마나 많은 문헌을 조사하고 얼마나 많은 시간을 고민했겠는가? 책을 쓰면 적어도 해당 분야 최고의 전문가가 될 수 있다. 특히 책이 출간되는 순간만큼은 이 세상에서 가장 핫하고 트렌디한 전문가가 되는 것이다.

책 쓰기는 내 삶의 에너지 발전소

사실 나는 태어나서 단 한 번도 책을 쓰게 되리라곤 상상하지 못했다. 책을 쓸 수 있는 사람들은 분명 따로 있을 거라고 생각했다. 처음 아내에게 책을 쓰겠다고 말했을 때 박장대소하고 웃음을 터뜨리던 모습이 아직도 선명하다. 그 정도로 책 쓰기는 아직 일반인들에게 낯설다.

그런데 한동안 회사 내외에서 책을 쓴 사람들을 만나면서 책을 쓸 수 있는 사람은 따로 있는 게 아니라는 사실을 깨달았다. 물론 사회 저명 인사나 대단한 성공을 이룬 사람들이 책을 쓴다면 훨씬 많이 팔릴 수는 있다. 하지만 돈을 벌겠다는 목적이 아니라 자신의 콘셉트를 만들고 스스로의 변화와 성장에 모든 초점을 맞춘다면 책 쓰기는 반드시 시도해볼 만한 도전이라고 생각한다.

책 쓰기를 하면 생활에 어떤 변화가 생기는지 알아보자.

첫 번째, 삶의 모든 것들이 책의 소재로 보이기 시작한다. 마치 안경을 처음 꼈을 때처럼 책의 소재들이 갑자기 하나둘 선명하게 눈에 들어오게 된다. 또 사람들의 수많은 말들 중에 책의 소재와 관련된 내용들이 마술처럼 들리기 시작한다. 영화관에 앉아서 영화를 볼 때도 주인공의 대사 중에 내가 쓰고 있는 책의 주제와 관련한 내용들이 들린다.

김지운 감독이 미국에서 만든 영화 〈라스트 스탠드〉를 볼 때의 일이다. 인질을 태운 악당이 경찰에 쫓기고 있는 위험한 상황에서 이런 말을 했다. "죽음은 예상한 순간에는 찾아오지 않아. 오히려 한밤중에 우유 마시러 주방에 갔을 때 찾아오지." 나는 이 대사를 듣고 죽음이라는 단어를 리스크로 바꿔보았다. 리스크는 예측한 상황에서는 이미 리스크가 아니다. 예측할 수 있으면 리스크는 얼마든지 통제할 수 있기 때문이다. 당시 리스크에 대한 내용의 글을 쓰고 있던 터라 영화 속의 그 대사가 머릿속에 각인되었다. 평소 같았다면 그냥 무심코 스쳐 지나쳤을 대사였을 텐데 말이다.

미용실에서 머리를 자를 때도 이런 비슷한 경험을 했다. 나는 쌍가마에 앞머리가 위로 뜨기 때문에 평소 그 부분에 여간 신경을 쓰는 게 아니다. 그날 미용사가 그런 내 고민을 간파했던지 이렇게 말했다. "그런 부분적인 데 신경 쓰지 마시고 전체적인 스타일에 신경 쓰세요. 사람들은 그런 사소한 부분은 잘 못 봐요."

우리는 회사 일이든 개인적인 일이든 국소적인 것에 많은 시간과 열정을 쏟지만, 사실 대부분의 경우 결과는 전체적인 큰 그림에서 결정되는 경우가 많다. 당시 나는 쓰고 있는 책의 디테일한 내용에 파묻혀 있을 때였는데, 미용사의 그 말을 듣는 순간 책의 전체적인 스타일을 먼저 잡을 필요가 있겠다는 생각을 했다. 책을 쓰기 시작하면 영화를 보건, 미용실에서 머리를 하건 생활 속의 모든 것들이 소재로 다가온다. 책뿐만 아니라 모든 일에서도 마찬가지다. 어떤 일에 몰입하게 되면 수많은 소재들이 나를 향해 달려온다.

두 번째, 책의 주제가 어떤 것이든 간에 일과 시너지가 생긴다. 물론 내 일과 관련된 주제로 책을 쓴다면 그 효과는 두말할 필요도 없을 것이다. 직장인이 책을 쓰려고 하면 당연히 주변 사람들을 의식할 수밖에 없다. 최근 책 쓰기에 대한 인식의 변화가 있긴 하지만, 여전히 직장인이 책을 쓴다고 하면 일이나 열심히 하라든가, 시간이 많다는 등 부정적인 시선으로 바라보지 않을까 염려한다. 그런데 이런 생각은 남들이 실제로 그렇게 생각하는 게 아니라 자기가 스스로 만들어낸 생각이며, 책 쓰기를 실행에 옮기지 못하게 하는 자기방어 논리일 뿐이다.

실제로 내 경험상 책을 쓰기 시작하면서 회사 일도 더 열심히 하게 되고, 업무에도 큰 도움이 되었다. 좋은 인사이트와 핵심 키워드 하나를 찾기 위해 고민했던 노력들은 업무를 할 때 고스란히 빛을 발한다. 한 권의 책을 쓸 때 이 정도의 효과가 있다면 앞으로 나만의 주제를 잡아서 계속 책을 써야겠다는 생각을 할 수밖에 없다.

점들이 모여 선으로 연결되듯 책을 쓰면서 축적된 지식과 노하우들은 그 경험의 횟수가 더해질수록 강한 상승 작용을 일으키게 될 것임에 틀림없다. 내가 만나본 고수들이 다작을 하는 이유에 대해 나도 이제 충분히 공감할 수 있다. 남들이 내가 책 쓰는 것에 대해 어떻게 생각할까보다는 나만의 콘텐츠 확보를 통한 변화와 성장에 집중해야 할 것이다.

세 번째, 책을 쓰면 매사에 적극적이고 긍정적인 사람으로 바뀐다.

책을 쓰면 그전보다 훨씬 강하고 생생한 꿈을 꾸기 때문에 가능한 일이다. 아침에 눈을 뜨면 지난 밤 쓰다가 만 글의 내용이 생각나고, 아침 늦게까지 침대에서 일어나지 않고 단잠을 즐기던 주말은 새로운 콘텐츠를 채우는 날로 바뀐다. 책을 쓰는 데 필요한 소재가 있는 곳으로 가족과 함께 여행을 떠나거나 좋은 책을 찾아 읽는 등 책 쓰기 과정을 통해 매일 조금씩 변화하는 내 모습을 확인하게 된다.

책 쓰기는 결국 내 삶에 새로운 에너지를 공급하는 발전소와 같은 역할을 하게 되는 것이다. 뿐만 아니라 그 에너지는 주변의 다른 동료나 지인들에게도 긍정적인 영향을 미치게 된다.

티끌 모아 책 한 권

책의 주제는 어떤 것이라도 상관없지만, 기왕이면 자신이 가장 잘 아는 분야를 다루는 게 좋다. 그래야만 지치지 않고 재미있게 책을 쓸 수 있다. 특히 책 쓰기 과정이 궁극적으로 자신만의 독창적인 한 줄 콘셉트를 만드는 데 도움이 되도록 해야 한다.

그렇다고 해당 분야의 완벽한 전문가일 필요는 없다. 그리고 주제와 관련한 콘텐츠를 충분히 확보하고 있어야만 책을 쓸 수 있는 것도 아니다. 사람들이 책을 쓰고 싶어도 쉽게 시작하지 못하는 이유는 바로 전문 지식과 콘텐츠 확보에 대한 부담감 때문이다. 그러나 많은 책 쓰기 전문가들은 일단 주제를 정하고 책 쓰기를 시작하는 것이 중요하다고 한다. 《철들고 그림 그리다》의 정진호 저자와 이야기를 나눈 적이 있는데, 그는 나에게 이런 조언을 해주었다.

"콘텐츠를 충분히 확보하고 책을 쓰려고 하면 평생 시작할 수 없어요. 일단 시작하는 게 중요하며, 부족한 부분은 책을 쓰는 동안 공부하면서 차근차근 채워가면 됩니다."

흔히 책은 머리가 아니라 엉덩이로 쓴다는 말이 있다. 티끌 모아 태산이 되듯 하루에 몇 줄씩이라도 꾸준히 쓰다 보면 어느새 책 한 권이 될 수 있다. 중요한 것은 누가 실제로 행동으로 옮기는가 하는 실천의 문제일 뿐이다.

최근에는 책 쓰기 강좌가 많아 도움을 받을 수도 있다. 나 역시 세컨드브레인연구소 이임복 대표의 '직장인 책 쓰기 과정'을 통해 주제 잡기와 머리글 쓰기 등 초반 작업을 시작할 수 있었다. 최근에 책 쓰기와 관련한 책들을 보면 3개월 만에 마칠 수 있다고 독자를 유혹하는 경우를 볼 수 있다. 과연 가능할까?

책을 여러 권 써본 전문 작가도 아닌데 바쁜 직장인들에게는 현실성 없는 얘기처럼 들린다. 설사 가능하더라도 나는 충분한 시간을 가지고 책을 써야 한다고 주장한다. 적어도 처음 쓰는 책은 처음부터 끝까지 책 쓰는 과정을 몸에 익혀야만 한다. 책 쓰기 과정은 농사짓기 과정과 비슷하다. 겨울에 씨를 심어 봄에 모내기를 하고 가을에 추수를 하기까지 적어도 10개월 정도의 물리적인 시간이 필요

하다. 농부의 땀과 노력이 있어야 풍작을 기대할 수 있듯이 저자가
출판이라는 결실을 맺기 위해서는 절대적인 시간과 함께 농부와 같
은 정성이 필요하다.

●

사람 콘텐츠를 만나라

　나는 지금까지 꽤 많은 저자나 전문가들의 강연과 인터뷰에 참여해왔는데, 현장에서는 정제된 저자보다는 한 사람의 인간을 만날 수 있다. 책에서는 전문가다운 어휘들을 구사하지만, 현장에서는 대부분 이웃집 아저씨나 형님이 이야기하듯 다듬지 않은 언어로 이야기하는 경우가 많았다. 그래서인지 현장에서 느끼는 감동이나 깨달음의 정도는 책을 읽을 때보다 더 실질적이고 강하게 와 닿는다.

　저자나 전문가를 직접 만나는 방법은 여러 가지가 있다. 읽었던 책이나 TV에서 본 전문가를 메모해두었다가 그들의 강연을 찾아볼 수도 있고, 정기적으로 진행하는 북포럼 같은 오프라인 모임에 참석하는 것도 매우 효과적인 방법이다. 나는 매주 수요일마다 저자를 초청해 고우성 PD가 토크쇼 방식으로 재미있게 진행하는 〈북포럼 저자와의 만남)에 자주 참석한다. 바로 눈앞에서 저자들이 살아온 삶의 생생한 스토리를 들을 수 있고, 궁금한 점은 그 자리에서 바로 질문할 수도 있다. 이런 자리에서는 나와 다른 삶을 살아가는 다양한 사람들을 만날 수도 있다.

나는 강연 내용에 깊이 공감한 경우 나오는 길에 반드시 책을 사서 읽는다. 또 어떤 경우에는 강연자와 개인적인 시간을 통해 더 많은 지혜를 구하기도 한다. 이런 열정과 배움의 자세를 보이면 저자나 강사들은 대부분 기대한 것 이상의 인사이트 보따리를 선물한다.

고수를 만나는 또 다른 방법은 생활 속에서 내가 직접 발굴하는 것이다. 반드시 책을 쓰거나 이름이 알려진 전문가들만이 나의 변화와 성장에 필요한 자극을 줄 수 있는 것은 아니다.

작년 초 장모님께서 어깨 근육 수술로 대학 병원에 입원하신 적이 있다. 나는 퇴근 후 병문안을 가는 길에 병원 앞에 있는 꽃집에 들렀다. 밖에서 보기엔 다른 곳과 별 차이가 없는 평범한 꽃집이었다. 그런데 안으로 들어서자마자 특별한 느낌을 받았다. 사장님이 먼저 말을 건넸다. "누구한테 드릴 거예요? 이 하얀색 장미꽃 향 한번 맡아보세요. 향도 좋고 시중에서 구하기 쉽지 않은 꽃이거든요."

사장님은 얼굴 가득 미소를 머금고 계속 꽃에 대해 이것저것 설명을 해주셨다. 꽃집에 가면 "무슨 꽃을 얼마나 드릴까요?"라고 묻는 게 보통인데, 그 사장님은 누구한테 드릴지를 먼저 물어보았다. 나는 사실 몇 년 만에 꽃을 사러 갔기 때문에 무슨 꽃을 사야 할지 전혀 감이 없었는데, 사장님이 먼저 손님 입장에서 생각한 것이다.

사장님과 이런저런 얘기를 나누다 보니 그 꽃집이 전국에서 꽃을 가장 많이 판매하는 집이라는 사실도 알게 되었다. 어떻게 전국 1등을 할 수 있었는지 자수성가한 사장님의 노하우를 물었다. 사장님은 사업 초창기에 '100송이 장미' 콘셉트를 만들어서 다른 꽃집과 차별화했고, 효율적인 작업 공정을 위해 스스로 30여 가지나 되는 크고 작은 기계들을 직접 만드는 등 끊임없는 노력을 통해 오늘의 성공을 이끌었다고 했다.

또 다른 예로, 얼마 전에는 동료들과 택시를 탔다가 택시 기사님과 얘기를 나누는 과정에서 기사님이 올해 수능 시험에서 만점을 받은 학생의 아버지라는 사실을 알게 되었다. 우리는 아이들을 어떻게 교육시켜야 하는지에 대해 여쭈었다. 어려운 환경에서 세 명의 자녀를 훌륭하게 키워낸 부모님의 멋진 강의를 택시 안에서 공짜로 들을 수 있었다. 특히 아이가 열네 살이 될 때까지 아빠가 책을 읽어주었다는 이야기를 듣고 그날부터 나도 아들에게 다시금 책을 읽어주기 시작했다.

이처럼 우리는 마음만 먹으면 하루하루의 생활 속에서 다양한 분야의 고수들을 만날 수 있다. 그리고 그들로부터 수많은 삶의 지혜와 자극들을 받을 수 있다. 그러한 자극들은 책에서 읽었을 때보다 훨씬 큰 공감을 주기 때문에 우리의 삶 속에서 실제로 행동 변화를 이끄는 에너지로 작용하게 된다.

내 생각으로 재해석하기

책을 읽었을 때도 마찬가지지만, 저자나 전문가들을 만나 멋진 강의를 듣고 난 후에는 일상에서 어떻게 적용할지 고민하는 시간을 가져야 한다. 아무리 멋진 인사이트라도 사람들마다 느낀 바가 다르고 각자가 처한 상황 역시 다르기 때문이다. 또 강의나 세미나의 내용들을 정리하지 않으면, 시간이 지난 후 그때의 감동이나 공감했던 내용들은 점점 기억에서 사라질 수밖에 없다.

나는 종종 저녁 시간 북포럼이나 사내 강연을 팀 내의 선배와 함께 듣는다. 강연이 끝나면 우리는 함께 저녁을 먹으면서 강연 내용에 대한 우리만의 해석 시간을 갖는다. 각자 어떤 부분에서 공감했는지, 어떤 부분에 대해서 생각이 다른지 서로 솔직한 의견을 나눈다. 그리고 우리는 강연 내용을 어떻게 실천할 것인지에 대해서도 많은 이야기를 주고받는다.

그런 과정을 거치면서 강연에서 중요했던 내용들이 머릿속에 강하게 각인될 뿐만 아니라 새로운 아이디어가 떠오르는 경우도 많다. 책을 읽고 난 후 독서 토론을 하면 책 내용이 내 것이 되는 것과 같이, 강의나 세미나에서의 내용 역시 자신만의 언어로 재해석하고 번역하는 시간을 가지면 훨씬 더 많은 것을 얻을 수 있을 것이다.

CHAPTER 07

시간 여백을 만들어라

콘셉트 인사이트 6

여백

이번 장에서는 하루하루 바쁘게 살아가는 현대인의 삶의 속도와 시간 통제에 관한 생각을 정리했다. 일상에서 무의미하게 버려지는 시간을 찾아 그 시간을 의도적으로 자신의 성장과 콘셉트 개발의 영역으로 전환하라. 다른 사람들과 함께 보내는 시간에서 벗어나 자신만의 시간을 확보하는 노력 역시 중요하다. 또한 스마트한 삶 대신 때로는 디마트하고 아날로그적인 삶을 추구하는 것은 개인의 속도 멀미를 줄이고 행복감을 높인다는 측면에서 의미가 클 것이다.

●

속도전에서도 여유를 잃지 마라

　역사 이래로 인류는 더 넓은 공간을 차지하기 위해 끝없는 충돌을 벌여왔다. 그러나 800여 년 전 아무도 주목하지 않던 극한의 초원에서 혁신의 바람이 불기 시작했고, 순식간에 그 바람은 폭풍처럼 세상을 삼켜버렸다.

　세계 영토의 절반을 차지한 칭기즈칸이 지배했던 것은 사실 '공간'이 아니라 '시간'이었다. 성을 쌓아 영역을 지배하기보다 속도와 시간이라는 프레임으로 세상의 중심 패러다임을 무너뜨린 것이다. 그리고 오늘날까지 시간 프레임은 유효하다. 개인이든 조직이든 변화와 혁신의 과정에서 결국 시간을 지배하는 쪽이 승리하게 되어 있다. 그래서 앞서 완벽한 계획보다 신속한 실행이 중요하다고 강조한 바 있다. 하지만 시간을 지배하기 위해 '빨리빨리'만 외치다 보니 그에 따르는 부작용도 만만치 않다. 시간을 지배하는 것이 경쟁력이자 승리의 요인이 될 수는 있지만 결코 시간의 노예가 되어서는 안 된다.

나는 속도와 시간의 중요성을 강조하고 있지만 무조건 '빠르게'를 외치는 게 아니다. 시간을 지배하고 통제할 수 있는 힘을 기르라고 말하고 싶다. 그래서 이번 장에서는 시간의 개념 중 속도의 대칭점에 있는 시간의 통제와 활용 그리고 여유로움의 가치에 대한 생각을 정리해보았다.

나는 변화의 속도에 대해 현대인이 느끼는 혼돈과 불안감 등의 현상을 '속도 멀미'라고 정의한다. 우리가 차를 타고 갈 때 시각적으로 보이는 정보와 실제 몸속의 평형기관에서 느끼는 정보의 불일치로 인해 차멀미를 하는 것과 같은 이치다. 여기서 말하는 변화의 대상은 급속도로 진화하는 ICT 기술이나 글로벌 경제의 경쟁 심화 같은 환경적 측면의 변화뿐만 아니라 사람들의 사고방식이나 관점의 다양성 같은 심리적 측면의 변화를 포함한다.

세상은 너무나 빠르고 폭넓게 변화하고 있으며, 그 변화의 속도 또한 점점 빨라지고 있다. 이러한 변화 속도에 어떤 사람들은 너무나 쉽게 적응하고 대응하는 반면, 많은 사람들이 알게 모르게 변화의 속도에 멀미를 느끼고 있는 게 사실이다.

몇 년 전 소비자들의 스마트폰에 대한 인식과 대응 전략에 관련된 프로젝트를 수행한 적이 있다. 프로젝트 팀에서 종로의 한 통신회사 지점을 관찰 조사한 적이 있는데, 50대 초반의 모 증권사 지점장의 이야기가 흥미로웠다. 그는 생전 처음 써보는 스마트폰을 다른 젊은 직원들처럼 잘 사용하고 싶어 했다. 그렇다고 부하 직원들에게 사용법을 가르쳐달라고 부탁도 못하고 있었다. 지점장으로서 나름대로 스마트 기기를 잘 다루는 상사로 보이길 원했던 것이다. 그래서 그는 점심 시간마다 종로에 있는 통신회사 지점까지 와서 전문가에게 사용법을 배우고 있었다. 요즘은 이처럼 변화에 적극적으로 대응하는 사람들을 많이 본다.

스마트폰이 국내에 도입되기 직전인 2009년 가을, 많은 전문가들이 스마트폰의 파급력을 낮게 평가했다. 일부 얼리어답터들만이 즐기는 기기가 될 것이며, 그 시장은 150만에서 200만 정도로 그리 크지 않을 것이라 예측했다. 그런데 시장의 고객들은 예상과 완전히 다르게 반응했다. 현재 국내 스마트폰 사용자 수는 4,000만 명에 육박하고 있다. 물론 사업자들이 시장을 만들어간 측면이 크지만, 놀라운 것은 많은 사람들이 전혀 경험하지 못했던 변화의 충격에 너무나 잘 적응하고 있다는 사실이다. IT기기에 익숙한 젊은이들뿐만 아니라 나이 든 직장인들도 마찬가지다. 동기와 의지만 있다면 우리는 충분히 새로운 변화에 대응하고 그 변화를 유용하게 활용할 수도 있다.

그럼에도 불구하고 변화의 속도에서 오는 속도 멀미를 줄이는 처방은 무엇일까? 그것은 공교롭게도 누구나 알고 있는 차멀미 예방법과 유사하다.

첫 번째, 창문을 열고 신선한 공기로 환기시킨다. 단기적으로 새로운 자극과 환경 변화가 필요하다. 밖에서 일어나고 있는 변화를 감지하기 위해서는 직접적이고 지속적인 자극이 주어져야 한다.

두 번째, 가까운 사물을 보지 말고 먼 곳을 바라본다. 장기적인 관점에서 순간적인 변화에 반응하기보다 먼 미래를 보고 좀 더 큰 그림을 그릴 필요가 있다. 다시 말해 장기 비전과 방향성에 맞춰 변화하고 실천해야 한다.

마지막으로 굴곡이 덜하고 예측 가능한 길을 간다. 십수 년 전까지만 해도 강원도 대관령을 오르내릴 때면 늘 멀미를 했던 기억이 난다. 그러나 꾸불꾸불하던 대관령 옛길 대신 곧게 뻗은 고속도로가 개통되고 난 후로는 멀미를 한 적이 한 번도 없다. 오히려 멀리 보이는 산과 바다의 풍경을 즐긴다. 마찬가지로 변화의 속도와 방향을 예측할 수만 있다면 우리는 미래를 미리 준비하고 대응할 수 있다.

달리는 말에서 내려 뒤돌아보는 인디언의 지혜

과거 아메리카 이주 개척민들의 눈에 이상하게 보이는 인디언들의 독특한 행동이 하나 있었다. 인디언들은 말을 타고 열심히 달리다가도 어느 순간 말을 세운 다음 내려서 한참 동안 뒤를 돌아보고 다시 말을 달린다. 인디언들은 말을 타고 너무 빨리 달리면 자기 몸속의 영혼이 쫓아오지 못한다고 생각했기 때문에 몸과 영혼의 속도를 맞추는 행위를 한 것이다. 당시 그들이 경험할 수 있었던 세상에서 가장 빠른 이동수단은 말이었다. 오늘날 우리가 비행기나 KTX에서 느끼는 속도감을 인디언들은 말을 타면서 느꼈을지도 모른다.

지금 사람들의 눈에는 인디언들의 이런 행동이 다소 어리석어 보일 수도 있다. 하지만 무조건 앞으로 쏜살같이 달려가는 현대인의 속도에 대한 무감각 그리고 그 문제점을 생각한다면 그들의 행동은 매우 현실적이고 지혜롭다.

앞서 말한 것처럼 현대인은 세상의 발전 속도에 자신의 생각 속도를 맞추는 과정에서 크고 작은 '속도 멀미'를 경험할 수밖에 없다. 멀미를 없애는 가장 확실한 방법은 차를 멈추고 휴식을 취하는 것이다. 마치 인디언들이 말에서 내려 영혼이 쫓아오기를 기다렸듯이 말이다. 어쩌면 쉬지 않고 한참을 달린 말이 휴식을 취하고 영양을 섭취할 수 있는 시간을 갖기 위한 행동을 그렇게 멋지게 표현했을지도 모른다.

오늘날 많은 사람들이 삶의 속도에 무감각해져 있는 것 같다. 속도감에 익숙해져 이제는 멀미조차 하지 않는다. 단지 '더 빠르게 더 많이'의 사회경제적 가치를 추구하며 몸과 마음을 혹사시킨다. 분명한 사실은 삶의 속도를 적절히 조절할 수 있는 장치가 필요하다는 것이다. 어떻게 하면 더 즐겁게 더 멀리 갈 수 있을까를 고민해야 할 시점이다.

죽은 시간을 의미 있는 시간으로

　고등학교 시절 나는 영화 〈죽은 시인의 사회〉를 감명 깊게 본 기억이 있다. 엄격한 전통과 규율을 최고의 가치로 믿던 명문 고등학교에 새로 부임해온 키팅 선생님은 학생들에게 '카르페 디엠Carpe diem'의 철학을 가르친다. '오늘을 즐겨라' 또는 '오늘을 잡아라' 등의 라틴어 '카르페 디엠'은 유한한 인간의 운명 앞에서 남들이 만들어놓은 규율과 통제의 프레임에 사로잡혀 시간을 허비하지 말고 지금 이 순간 나만의 무한한 가능성을 발견하라는 의미로 해석된다. 다시 말해 죽은 시간의 사회Dead Time Society에서 벗어나 시간의 유한성 안에서 자신의 삶을 주도하라는 것이다.

　죽은 시간Dead Time은 개인의 일상생활 속에서의 시간 관리와 활용에 관한 개념이며, 특히 목적 없이 어떤 상태를 지속하거나 의미 없는 활동을 하면서 자신의 제한된 시간을 허비하는 것을 의미한다. 이러한 죽은 시간은 개인의 변화와 혁신을 가로막는 장애물로, 활용법을 반드시 고민해봐야 한다.

죽은 시간은 눈에 보이는 것Visible Dead Time과 보이지 않는 것Invisible Dead Time으로 구분할 수 있다.

먼저 눈에 보이는 죽은 시간은 출퇴근 시간, 점심 시간, 주말 시간과 같이 기본적인 업무 시간과 필수적인 휴식 시간 외에 특별한 의미를 부여하지 못하고 있는 시간을 말한다. 예를 들면 점심 시간은 식사를 하거나 휴식을 취하기 위해 반드시 필요한 시간이다. 그리고 동료들이나 친구들과 식사를 하며 즐거운 대화를 나눌 수 있는 소중한 시간이기도 하다.

그런데 문제는 많은 사람들이 어제도 오늘도 늘 같은 동료들과 일하고, 같은 동료들과 함께 식사를 한다는 것이다. 그렇다면 식사하면서 하는 이야기 소재들도 만날 비슷하지 않을까? 그렇다고 그런 시간이 전혀 의미가 없다는 것은 결코 아니다. 기왕이면 같은 시간을 보다 의미 있게 보낼 수 없을까를 고민하자는 말이다. 어떤 사람들은 매일 다른 사람들과 점심 약속을 잡고 그들과 친분을 쌓는 시간으로 그 시간을 활용한다. 또 어떤 사람들은 점심 시간을 밥 먹는 시간이 아니라 서점에서 지식을 먹는 시간으로 활용하기도 한다. 그런 사람들에게 한 시간의 점심 시간은 그야말로 금쪽같이 소중한 시간임에 틀림없다.

이런 생각을 한 이후, 나는 점심 시간을 어떻게 활용할까 고민하다가 부족한 영어 실력을 향상시키기 위해 회사 근처의 영어 학원을 오랫동안 다녔다. 최근에는 식사를 빨리 마치고 가까운 곳에 위치한 서점으로 달려간다. 책 쓰기와 관련된 책을 찾아보거나 업무와 관련된 키워드가 생각나지 않을 때 자극받는 시간으로 활용하는 것이다.

'눈에 보이지 않는 죽은 시간'은 자신이 인식하지 못하면서 버려지는 시간을 의미한다. 특히 잠자는 시간과 관련한 것이 대표적인 예일 것이다. 옛말에 '잠이 보약'이라는 말이 있다. 이 말은 질 좋은 숙면을 취하는 것이 우리 삶에 보약과 같은 활력과 에너지를 준다는 것이지 잠을 많이 자야 한다는 의미는 결코 아니다. 오히려 너무 많은 잠은 더 큰 피로감을 느끼게 할 뿐이다.

나는 어려서부터 잠이 많았다. 적어도 하루에 8시간은 자야만 피로가 풀린다고 생각했다. 그런데 실제로는 잠을 많이 잘수록 몸은 더 많은 잠을 요구한다는 사실을 알게 되었다. 최근에는 주중에 5시간 이상 자는 법이 거의 없다. 책을 보든지 음악을 듣든지 나만의 시간을 최대한 확보하고 그 시간을 즐긴다. 그렇다고 다음 날 일하는 데 영향이 있는 것도 아니다. 그런 측면에서 나에게 하루 3시간은 오랫동안 눈에 보이지 않는 죽은 시간이었던 셈이다. 그 수많은 시간을 내가 제대로 활용했더라면 좋았겠지만, 지금에서 그런 후회가 무슨 소용이 있겠는가?

죽은 시간의 개념에서 또 다른 중요한 영역은 바로 주말이다. 한 주 동안 쌓인 피로를 풀고 새로운 에너지를 재충전할 수 있는 시간이 바로 주말이다. 그런데 많은 사람들이 주말 반나절을 이불 속에서 허비한다. 나 역시 다르지 않았다. 주말에 잠을 너무 많이 자면 오히려 역효과가 난다는 연구 결과도 있으니, 차라리 가족과 함께 여행을 하거나 가벼운 운동으로 지친 몸에 활력을 불어넣는 것이 훨씬 효과적이다.

개인마다 죽은 시간을 통제하고 활용하는 방법은 다를 수밖에 없다. 생활 패턴이나 몸 상태 등이 모두 다르기 때문이다. 중요한 것은 하루라도 빨리 자신만의 죽은 시간을 생활 곳곳에서 발견하는 것이다. 그것은 누가 대신해줄 수 있는 것이 아니라 결국 자신이 해야 하는 일이다.

●

출퇴근 시간을 활용하라

지하철 1만 시간의 법칙

사람들은 하루에 얼마나 많은 시간을 출퇴근을 하며 보낼까? 어떤 사람들은 걸어서 출근할 만큼 직장이 가깝고, 또 어떤 사람들은 직장이 멀어서 하루 3시간 이상 지하철에서 시간을 보낸다. 지역에 따라 다소 차이가 있겠지만, 대한민국 직장인의 평균 출퇴근 시간은 100분이 조금 넘는다. 나는 몇 년 전 나의 출퇴근 시간을 평생 합하면 도대체 어느 정도나 될까 궁금해서 계산해본 적이 있다. 나 역시 하루에 2시간 정도 지하철에서 보내고 있었다.

하루에 100분씩 10년을 계산하면 총 4,000시간이다. 우리나라 평균 퇴직 연령을 53세로 가정하면 직장인들은 하루 100분씩 25년

이상을 출퇴근하는 셈인데, 이를 시간으로 환산하면 1만 시간에 이른다. 417일이나 되는 실로 어마어마한 시간이다. 각자의 출퇴근 시간을 계산해보면 어느 정도의 시간이 버려지거나 제대로 활용되고 있는지 알 수 있을 것이다.

나는 대중교통을 이용하는 사람들을 오랫동안 관찰하면서 출퇴근 시간의 지하철이나 버스라는 공간이야말로 많은 직장인들에게 대표적인 '죽은 시간의 사회'라고 생각하게 되었다. 3~4년 전만 하더라도 지하철에서 신문을 보거나 책을 읽는 사람들을 꽤 많이 볼 수 있었다. 그런데 지금은 어떤가? 많은 사람들이 지하철이나 버스를 타는 순간 무의식적으로 주머니에서 스마트폰부터 꺼낸다. 그리고 내리는 순간까지 그것만 쳐다보고 있다.

스마트폰은 이름처럼 우리를 스마트하게 만들어주는 게 아니라 우리의 시간을 빼앗아가는 또다른 바보상자가 되고 있다. 뉴스를 검색하거나 뭔가 다른 용도로 스마트폰을 활용하기도 하지만, 그런 사람들은 소수에 불과하다. 대부분 스마트폰을 이용해 단지 시간을 때운다는 사실을 알 수 있다. 물론 직장인들이 회사에서 받은 스트레스를 출퇴근 시간 동안 푸는 것 아니냐고 생각할 수 있겠지만, 내가 보기엔 습관에 가깝다. 게임을 하거나 채팅을 한다고 해서 실제로 스트레스가 얼마나 풀리는지도 의문이다. 그렇다고 지하철에서 스마트폰을 사용하지 말자는 말은 아니다. 오히려 나는 제대로 활용하자고 말하고 싶다.

많은 사람들이 출퇴근 시간을 단지 직장과 가정이라는 공간을 물리적으로 이동시켜주는 시간 정도로 인식하고 큰 의미를 두지 않는다. 하지만 출퇴근 시간을 제대로 활용할 수만 있다면, 그 시간은 우리의 변화와 성장에 얼마나 큰 밑거름이 될 수 있겠는가?

얼마 전 나는 이노팩토리 이유종 대표와 저녁 식사를 함께 한 적이 있다. 우연히 출퇴근 시간을 어떻게 활용하는지에 대해 서로 의견을 나눴는데, 이 대표는 가방에서 종이 한 장을 꺼내 나에게 보여주었다. 그 종이에는 자신이 올해 이루고자 하는 꿈과 함께 수많은 사람들의 이름과 연락처가 마인드맵으로 그려져 있었다.

이 대표는 아침에 지하철로 출근할 때 종이에 적힌 지인들과 비즈니스 파트너들에게 메신저로 아침 인사를 보낸다고 한다. 나중에 나도 출근하는 길에 메신저로 인사를 받았는데, 그의 성격처럼 밝고 활기찬 메시지에 기분이 좋아졌다. 또 자동차로 출근할 때면 다양한 주제의 오디오 파일을 들으면서 하루를 시작한다고 한다. 이 대표는 그런 식으로 출근하는 시간을 자신에게 의미 있고 생산적인 시간으로 활용하고자 노력했다.

나 역시 지하철 출퇴근 시간을 유용하게 활용하기 위해 각별히 신경 쓴다. 영어 라디오를 듣거나 TED 강연을 보면서 영어 공부를 하거나, 에버노트 앱을 이용해 글을 쓰기도 한다. 퇴근할 때는 주로 서서 이동하기 때문에 스마트폰으로 동영상을 시청하는 경우가 많다. 유튜브나 호핀과 같은 앱으로 다양한 영역의 동영상 콘텐츠를

시청한다. 유용한 장면이나 문구를 발견하면 곧바로 화면을 캡처하기도 한다.

　각자 자신에게 맞는 출퇴근 시간 활용법을 개발하자. 출퇴근하면서 보내는 시간을 죽은 시간이 아니라 유용한 시간으로 살려내자. 특히 자신의 콘셉트 개발을 위한 콘텐츠 생산 시간으로 활용할 수 있다면 시간이 지나면서 서서히 결과물이 쌓여가는 모습을 두 눈으로 확인하게 될 것이다.

오로지 나만을 위한 시간

인생은 타인과의 관계의 연속이라고 해도 과언이 아니다. 다른 사람들과 함께 일하거나 함께 시간을 보내는 것에 익숙하지 않은 사람들도 많지만, 우리는 원하든 원하지 않든 사회라는 울타리 속에서 관계를 맺으며 살아갈 수밖에 없다.

이러한 구조 안에서 '나만의 시간'은 줄어들고 '남의 시간'이나 '우리 시간'은 점점 늘어나게 된다. 나는 남을 위한 시간이나 우리를 위한 시간을 이미 충분히 쓰고 있는 사람들에게 나만의 시간 역시 충분히 확보해야 한다고 주장한다.

나는 일상에서 인위적으로 남이나 우리가 아닌 나를 위한 물리적 시간을 확보하는 행위를 'Me-타이머 맞추기'라고 정의했다. 나를 위한 시간Me-타임을 갖는다는 것은 너무나 당연하거나 쉬워 보일 수 있지만, 실제로 온전히 나만의 시간을 확보하는 것은 생각만큼 쉽지 않다. 예를 들어 친구와 주말에 영화를 함께 보는 것은 나에게 분명 의미 있는 시간이지만, 엄밀히 말하면 그 시간은 '나만의 시간'이 아니라 '우리 시간'이다. 사회인으로서 우리 시간을 많이 갖는 것도 분명 중요하다. 하지만 내가 강조하고 싶은 것은 나만을 위한 시간이다. 직장인들에게 필요한 삶의 재충전이나 자기계발과 같은 활동을 위해 일부러라도 자신만을 위한 타이머를 맞추자는 것이다.

나는 평일에는 밤 10시부터 새벽 1시까지를 나를 위한 시간으로 활용한다. 그 시간에는 주로 책을 쓰거나 독서를 하면서 보낸다. 그리고 일요일 오후 1시부터 6시까지 Me-타이머를 맞춘다. 이 시간에는 집 앞 커피숍에서 책을 쓰거나 회사 일과 관련된 것들을 정리한다. 지금은 습관이 되었지만, 처음에는 일부러 스마트폰 알람을 10시에 맞춰야만 했다. 소파에 앉아 TV를 보다가 모든 것을 멈추고 방으로 향하는 것은 여간 어려운 일이 아니었다.

Me-타임 모드로 완전하게 전환하는 것은 생각만큼 그리 쉽지 않다. 나를 위한 시간을 갖는 것도 중요하지만, 그만큼 가족이나 친구들과 함께하는 시간은 줄어들기 때문이다. 내 경험에 근거해 말하지만, 책을 쓰거나 자기계발을 하려고 할 때 가장 큰 장애 요인은 아이러니하게도 가족이다. 미래를 위한 투자라고 강조하겠지만, 아내나 자녀들이 당장 아빠와 함께 시간을 보내고 싶은 것은 지극히 당연하다. 지금은 누구보다 많은 지원을 해주는 서포터지만, 나 역시 Me-

타이머를 맞추는 과정에서 아내와 잦은 충돌을 겪어야만 했다.

요즘은 밤에 Me-타임을 갖기 전 아들을 재우는 역할은 내가 맡는다. 아들과 침대에 누워서 학교에서 있었던 일들을 듣거나 책을 함께 읽으면서 아이와 교감한다. 물론 평소 실컷 놀아주지 못한 것에 대한 변명이나 위로 행위일지도 모른다. 그래서 토요일은 가급적 많은 시간을 가족과 함께 보낸다. 아이 친구 가족들과 함께 자주 여행 가는 것도 비슷한 이유일 것이다.

그런데 이러한 노력보다 더 중요한 것은 가족 구성원들과 내 꿈과 비전을 공유하는 것이다. 명확하고 간절한 꿈이 있다면 시간이 지나면서 가족들도 그 꿈을 함께하게 될 것이다.

●

때로는 '스마트' 대신 '디마트'하게

시간의 통제와 활용에 대해 우리가 생각해야 할 또 다른 문제는 일의 선택과 집중이다. 오늘날과 같이 고도로 발달된 정보통신 사회에서는 한꺼번에 여러 가지 일들을 능수능란하게 처리하는 멀티태스킹 능력을 갖춘 사람들이 크게 인정받는 듯하다.

특히 최근에는 스마트 기기와 통신망의 발달 그리고 SNS의 확산 등으로 사람들은 끊임없이 다른 사람들과 소통하고 기기와 대화를 나눈다. 한순간도 스마트폰이나 인터넷과 떨어져서는 살 수 없을 것만 같다. 이런 과정에서 사람들은 스마트 기기를 사용하는 것이 회사 일에도 시너지 효과를 주고 있다고 생각한다. 그러나 오히려 스마트의 역효과가 나타나고 있다.

《나를 위한 시간 혁명》의 함병우 저자는 강연에서 〈SBS 스페셜〉

'달콤한 로그아웃, 아날로그 날다'(2011.12.11)를 소개했다. 스탠퍼드 대학의 연구 결과에 따르면, 사람들은 실제로 멀티태스킹을 하는 것이 아니라 그렇게 생각하는 것뿐이라고 한다. 뇌는 2가지 일을 동시에 처리하지 못하고 끊임없이 번갈아가면서 처리한다는 것이다.

어떤 사람은 인터뷰에서 더 이상 멀티태스킹의 스마트한 삶을 포기했다고 한다. A, B, C, D 과제를 동시에 처리하는 것은 결과적으로 모든 과제의 품질을 떨어뜨리게 만든다고도 했다. 게다가 동시에 여러 가지 일을 하다 보니 기억력도 점점 퇴화함을 느낀다는 것이다. 그럼에도 불구하고 직장인이라면 스마트 기기나 인터넷을 사용할 수밖에 없다. 한정된 시간 내에 효율적으로 일을 처리하기 위해서는 반드시 필요한 것이다. 다만 디지털과 아날로그 방식을 자신의 의지대로 스마트하게 통제하는 것이 관건이다. 때로는 스마트Smart하게, 때로는 디마트Demart, 아날로그적 방식하게 말이다.

직장인들이 업무를 효율적으로 처리하기 위해서는 먼저 일의 우선순위를 정하는 것이 중요하다. 수많은 일들을 한꺼번에 멋지게 처리하는 맥가이버 같은 직장인은 현실에서는 쉽게 찾아볼 수 없다. 우선순위를 정한다는 것은 일의 중요도와 시급성을 판단해 선택적으로 집중해야 한다는 것인데, 우리는 별로 중요하지도 않은 일에 매몰되어 시간을 허비하는 경우가 많다. 임기응변 식으로 일을 처리하기보다는 잠깐이라도 시간을 내서 오늘 할 일, 한 주간의 할 일을 적어보고, 중요도와 시급성을 기준으로 순위를 매기는 것이 좋다.

CHAPTER08

피드백에도
진화가 필요하다

콘셉트 인사이트 7

피드백

많은 사람들이 사회생활을 하면서 자신과 자신이 만들어내는 결과물에 대한 피드백 과정 없이 시간을 보낸다. 이렇게 시간을 보내다 보면 현재의 수준을 유지하거나 더 나은 모습으로 발전하는 데 한계가 있을 수밖에 없다. 따라서 우리는 일상생활에서 피드백 시스템을 만들어야 한다. 그리고 끊임없이 서로의 생각에 대해 토론하고, 자신과 다른 생각을 겸허히 받아들이는 자세를 갖춰야 한다. 이는 개인이든 조직이든 그런 문화와 시스템이 갖춰져야 가능한 일이다. 피드백의 긍정적인 효과를 믿고 반대 의견에도 귀를 기울이며 개선해보려고 노력하자. 개인의 피드백 활동은 일시적인 것이 아니라 지속적인 것이어야 하며, 혼자가 아니라 함께할 때 효과를 극대화할 수 있다.

피드백이 필요한 이유

사회생활을 하다 보면 주위에서 독불장군, 고집불통인 사람들을 간혹 만나게 된다. 이런 사람들은 자기주장이 너무 강한 나머지 다른 사람의 의견이나 제안을 쉽게 무시한다. 그리고 한번 내세운 자기주장은 어떤 일이 있어도 굽히지 않고 모든 정보를 자기에게 유리한 방향으로 해석한다.

이처럼 자기 신념과 일치하는 주장과 정보는 쉽게 수용하면서 그와 반대되거나 불리한 주장이나 정보는 배척하거나 왜곡하는 현상을 인지심리학에서는 '확증 편향Confirmation Bias'이라고 한다. 그런데 이러한 확증 편향성은 고집불통인 사람들에게만 나타나는 것이 아니라 보통 사람들에게서도 나타나는 일반적인 현상이다.

이와 관련한 유명한 실험이 있다. 스탠퍼드 대학에서는 사형 제도의 존치와 폐지 의견을 가진 두 그룹에게 각각 사형 제도의 필요성과 폐지론을 뒷받침하는 가공된 연구 결과들을 제시했다. 그런데 객관적인 증거 제시에도 불구하고 두 그룹의 피실험자들 대부분은 자신들의 기존 주장을 바꾸지 않았으며, 오히려 실험 내용의 문제점을 지적하며 자신들의 주장에 유리하게 해석하려는 경향을 나타냈다.

이러한 인간의 편향성과 선택적 사고 성향은 한 줄 콘셉트 개발을 추구하는 데 항상 되새겨야 할 중요한 인지 오류 중 하나다. 제대로 된 방향으로 나아가고 있는지 자신의 생각과 주장에 대해 끊임없이 스스로 의문을 던져야 하는 이유다.

스스로에게 익숙한 사고의 틀은 시간이 갈수록 점점 단단해지고, 수많은 반대 정보나 의견에도 불구하고 한쪽 방향으로 계속해서 치우치기 쉬우며, 결국에는 돌이킬 수 없는 지경에 이를 수 있다. 이런 현상은 현재 상태를 유지하려는 기득권의 속성상 사회구조의 상층부로 갈수록 심하다. 그래서 역사적으로 위대한 리더들은 무리해서라도 반대 의견을 들을 수 있는 시스템을 만들려고 했다.

세종대왕은 중요한 의사 결정 사안에 대해서는 늘 어전회의를 통해 끊임없이 토론하게 한 후에야 결정을 내렸다. 찬성과 반대 의견이 충분히 개진되고, 어느 한쪽의 반대 의견이 해결되지 않은 상태에서 쉽게 결정하는 법이 없었다. 백성들의 토지 세금 제도를 변경하는 의사 결정을 위해 조정의 찬반 토론 과정뿐만 아니라 백성들의 여론조사를 수차례 실시하고, 실제로 시범 운영을 통해 검증하는 등

20여 년의 세월이 흐른 뒤에야 세제 개편 안을 확정했을 정도다. 끊임없이 반대편의 의견을 경청하려는 세종대왕의 노력이야말로 권력자를 위대한 성군으로 만든 원동력이 되었다.

인간의 제한된 경험과 지식은 한쪽으로 치우친 편향된 생각과 행동으로 점화될 가능성이 크다. 따라서 우리는 끊임없이 다양한 경험을 쌓고 지식을 채워나가야 한다. 그리고 다른 영역의 사람들과 지속적으로 교류하며 그들의 의견을 경청하는 습관을 키워야 한다.

개인의 생각과 행동 변화에서 영향을 주는 또 다른 요인으로는 '동조화Herding 현상'이 있다. 이는 양떼효과나 군중심리 등으로 표현할 수도 있는데, 비슷한 무리의 사람들 속에서 위험을 회피하거나 뒤처지지 않기 위해 다른 사람들의 생각이나 행동을 맹목적으로 따라가는 현상을 말한다. 이런 현상은 어떤 분야에서든 흔하게 나타난다.

가령 몇 년 전 스마트폰이 처음 확산되는 단계에서 소비자들의 구매 동조화 현상을 실제로 확인할 수 있었다. 고객 조사를 통해 스마트폰을 처음 사용하는 소비자들은 주변의 가까운 지인들에게서 큰 영향을 받았다는 의견이 많았다. 아이폰을 사용하는 고객들 주변에는 대부분 아이폰을 사용하며, 삼성 안드로이드폰을 사용하는 고객들 주변에는 대부분 삼성 제품을 사용하고 있었다. 기존에 경험해보지 못한 새로운 형태의 제품을 구매할 때, 사람들은 대부분 주변의 지인들에게 의지함으로써 구매 실패의 위험 부담을 줄이려고 한다.

개인의 변화와 혁신의 관점에서 동조화는 사람들이 불확실한 상황에서 리스크를 꺼리기 때문에 나타나는 표면적인 현상이다. 그러나 동조화는 합리성의 영역이라기보다는 감성적 영역에 해당한다. 남들처럼 판단하고 행동하는 것이 반드시 합리적인 것은 아니며, 일시적으로 심리적 안정에는 도움이 되겠지만 장기적 관점에서는 개인의 안정과 성장을 담보하지 않는다. 결국 실패 가능성이 있더라도 스스로 판단하고 의사 결정을 내릴 때 학습과 자기 피드백이 가능해진다.

멘토링이 아니라 멘토잉

나는 지금까지 기업에서의 경험과 혁신 고수들로부터의 교훈을 바탕으로 '멘토잉Mentoyeeing'이라는 피드백 개념을 도출했다. 멘토잉은 멘토Mentor와 멘티Mentee의 관계에서 피드백 활동을 나타내는 비문법적 조합어다.

대부분의 성공한 사람들은 멘토나 멘토링의 중요성을 강조한다. 그들에게는 성공에 결정적인 영향을 미친 사람들이 존재하며, 중요한 순간에 멘토들은 말이나 행동으로 그들이 나아갈 방향을 제시했다. 물론 멘토링의 긍정적 효과에 대해 부정하는 것은 아니지만, 멘토링Mentoring 개념은 상호간의 발전과 성장이라는 측면에서 보면 치명적인 한계가 있다는 사실을 경험을 통해 깨달았다. 멘토링의 문제는 멘토와 멘티라는 상하 관계의 모순 때문에 발생하는데, 특히 같은 조직 내 동료 관계에서는 더욱더 멘토링보다는 멘토잉의 피드백 시스템을 구축하는 것이 중요하다. 대상이 누구든지 상대방과의 관계에서 내가 곧 멘토인 동시에 멘티가 되는 것이다.

어떤 조직에 새롭게 합류하는 사람들을 보면 두 부류로 나뉜다. 한 부류는 마치 학생처럼 소극적으로 배우려고만 하는 사람들로, 본인이 가지고 있는 경험을 좀처럼 표현하지 않는다. 반면 다른 한 부류의 사람들은 현재의 조직에서 새로운 업무 방식을 배우는 데도 적극적이지만, 처음부터 자신이 쌓아온 경험을 적극적으로 표출한다. 이 두 부류의 사람들은 일을 대하는 마음가짐 하나만으로도 성과에서 큰 차이를 보이는데, 시간이 갈수록 격차는 훨씬 더 벌어진다. 따라서 신입사원이라 하더라도 자신의 경험을 쌍방향으로 나누려는 자세가 필요하다.

나 역시 현재 소속된 HCI 팀에 처음 왔을 때, 기존의 뛰어난 역량을 가진 멤버들에게 모든 것을 배우겠다는 자세로 임했다. "열심히 배울 테니 많이 가르쳐주십시오"라는 식으로 멘토와 멘티의 관계를 유지하길 희망했다. 그런데 어느 날 내가 멘토처럼 생각하던 팀 내의 한 선배가 이렇게 조언했다.

"김철수 매니저 님은 자신이 가진 경험과 지식이 많이 있을 텐데, 왜 항상 열심히 배울 테니 많이 가르쳐달라고만 합니까? 10년 가까운 기간 동안 쌓아온 수많은 경험이 있잖아요. 사람들의 경험은 모두 가치 있고 쓸모가 있습니다. 그 경험들을 서로 나누면서 다 같이 배워야 한다고 생각해요."

들어보니 분명 일리 있는 말이었다. 나의 태도는 적극적인 협력 관계로 발전하기는 힘들었다. 그 말을 들은 이후로는 나 역시 경험과 생각들을 적극적으로 표현하려고 노력했다. 비록 부족한 것일지라도 내 것을 드러내고 나눔으로써 자신감도 생긴다는 것을 느낄 수 있었다.

피와이에이치 박용후 대표는 〈북포럼 저자와의 만남〉에서 젊은이들과 함께 운영하는 경험공유그룹Shared Experience Group을 소개하며 경험을 쌍방향으로 나누는 것의 필요성을 강조했다.

"여기 같이 온 이 친구의 경우 스무 살인데, 고등학교 졸업하고 게임을 개발하는 데 돈이 부족하기 때문에 자기가 악기 사서 음악도 배우고 작곡도 배워서 게임 BGM을 만들어요. 또 어떤 친구는 400만 원으로 4개월간 미국을 횡단하고 남미까지 갔다 온 친구도 있습니다. 이런 친구들한테 내가 멘토가 된다는 건 말이 안 된다고 생각했거든요. 멘토와 멘티는 수직적이고 상하의 개념이죠. 그런 관계에서는 나누기가 힘듭니다. 그래서 나도 밑으로 내려갈 테니 경험을 함께 공유하자고 했죠. 우리 모임에서는 어떤 경험도 좋은 것이라는 생각을 합니다. 누군가 질문을 하면 서로 답해주고 도와주죠. 이런 긍정의 에너지 1,000명을 만드는 게 목표입니다."

나 역시 다른 사람들과 늘 멘토잉의 측면에서 관계를 설정하려고 노력한다. 팀 내에는 나보다 2년 먼저 입사한 선배가 있는데, 이

팀에는 내가 1년 먼저 전입해왔다는 이유로 나를 깍듯이 존중해준
다. 우리는 멘토잉으로서의 관계를 꽤 오랫동안 유지해오면서 서로
의 소소한 일상사에서부터 미래의 비전에 이르기까지 실로 다양한
주제들에 대해 이야기를 나눈다. 쉬는 시간에는 커피를 마시며 고객
관찰이나 인터뷰에서 발견한 재미있는 내용에 대해 이야기하거나
어제 읽었던 책 내용 중 인상 깊었던 인사이트에 대해 토론도 한다.
서로의 생각을 밖으로 드러내면 주제가 무엇이든 혼자만의 생각에
머물 때보다 훨씬 더 구체화된 모습으로 그려지고, 무엇이 부족한지
도 파악할 수 있다.

이 책을 쓰는 데도 그 선배는 많은 도움을 주었다. 내가 강조하는
인사이트들이 얼마나 공감이 되는지, 나눌 만한 것인지 의견을 구
할 때마다 선배는 늘 한 가지씩 개선할 문제점들을 지적해주었다. 오
랫동안 고민한 내용이라 선배의 솔직한 피드백에 마음이 아플 때도
있었지만, 완벽한 사람은 없다는 사실을 인정하면 그 어떤 피드백도
받아들일 수 있었다. 나 또한 선배가 생각하는 것에 대해 솔직하면
서 예의 바른 피드백을 준다. 우리는 이런 과정에서 서로 많은 것을
배우고 각자의 부족함을 깨닫는다. 멘토잉의 관계에서 솔직하면서도
미래 지향적인 비판과 토론은 개선과 창조라는 혜택을 가져다준다.
그것이 함께하는 것의 진정한 가치일 것이다.

신뢰한다면 직접 피드백하라

협업을 할 때 객관적인 상호 평가와 피드백 시스템을 구축하는 것은 서로의 장기적인 발전을 위해 매우 중요한 요소다. 그러나 사람들은 누군가에 의해 자신이 평가받는 것을 싫어한다. 특히 자신의 단점이나 실수뿐만 아니라 자신이 만든 결과물에 대해 부정적인 평가를 내리는 사람을 회피하려는 경향이 강하다.

최근에는 많은 기업들이 구성원을 평가할 때 상사 평가나 동료들의 평가를 반영하는 경우가 많다. 그러나 이런 평가는 대부분 연말에 이루어지는데다 누가 어떤 평가를 했는지 알 수 없기 때문에 피평가자들은 평가 시스템이 불공평하다고 느끼는 경우가 많다.

평가하는 사람 역시 1년 동안 평가 대상자의 행동들을 기억해야 하는데, 그 또한 쉽지 않다. 그래서 대상자의 최근 업적이나 그 사람의 전체적인 느낌만을 가지고 평가하는 경우가 많다. 구체적으로 어떤 기여를 했는지, 어떤 점이 부족하고 보완되어야 하는지를 피드백하기란 쉽지 않다. 따라서 제대로 된 평가와 피드백은 과제나 프로젝트 단위로 진행하는 것이 바람직하다. 짧게는 한 달에서 길게는 3~4개월의 기간 동안 수행한 업무와 일을 대하는 자세에 대해 평가하며, 더 중요한 것은 소수의 팀 구성원들이 한자리에 앉아 얼굴을 마주 보며 이야기를 나누는 방식으로 진행하는 것이 좋다.

나는 이런 방식의 피드백을 미국의 IIT디자인대학원에서 배울 수 있었다. 해당 강의는 모바일을 활용한 결제 서비스를 소규모의 팀 단위로 기획하고 결과물을 발표하는 워크숍 형태로 진행되었다. 나는 미국인, 인도인 친구와 함께 셋이서 한 팀을 이뤘다. 매주 한두 번씩 만나 과제에 대한 토론을 나누고 각자 할 일을 분배해 역할을 다했다.

한 학기 과정의 절반 정도가 지났을 무렵, 톰 맥타비시 교수는 학생들에게 팀원들끼리 상호 평가서를 작성하는 숙제를 내주었다. 평가 항목은 예상했던 것과 크게 다르지 않았다. 그런데 정작 의외였던 것은 평가하는 방식이었다. 평가서를 작성한 후 서로 마주 앉아 돌아가면서 피평가자의 장점과 단점에 대해 이야기해주는 식이었다. 그런데 평가의 순간이 되니 친구들이 갑자기 돌변했다. 차갑고 냉정하기 이를 데 없었다. 특히 나에 대한 피드백 시간이 되자 그들은 기다렸다는 듯이 불만을 터뜨렸다.

"우리는 네가 한국에서 유명한 통신 회사를 다녔기 때문에 당연히 모바일 솔루션과 관련한 수많은 경험과 지식을 나눌 수 있을 거라 기대했어. 그런데 기대했던 것과는 달리 팀 과제나 토론에서 너는 너무 소극적이었어. 그리고 충분히 더 많은 아이디어를 낼 수 있었을 텐데 넌 그러지 못했어. 그리고 종이 프로토타입을 만들 때는……."

사실 그 친구들의 표정은 말한 것보다 훨씬 더 심각하고 진지했다. 친구들의 피드백을 들으면서 내 표정은 점점 굳어갔고, 어떤 말을 해야 할지 난감했다. '아니, 이 녀석들이 왜 이러지? 좀전까지만 해도 같이 웃고 떠들던 친구들 맞아?' 나는 속으로 이런 생각을 했지만 아무 답변도 할 수 없었다. 모두 사실이었기 때문이다. 솔직히 표현은 하지 않았지만, 나는 영어 실력이 부족하고 미국 생활이 낯설기 때문에 친구들이 이해해주려니 생각하고 있었다. 친구들이 그런 불만을 갖고 있었는지는 전혀 알지 못했다.

친구들과 헤어지고 집으로 돌아오는데 여러 생각들이 교차했다. 처음에는 좋지 않은 피드백을 해준 친구들이 원망스러웠지만, 시간이 지나면서 차차 나 자신을 돌아볼 수 있는 소중한 계기가 되었다. 친구들이 솔직하게 피드백을 해주지 않았다면 나는 남은 반 학기도 소극적으로 보냈을 것이기 때문이다. 나를 낮게 평가한 대가로 그들이 좋은 학점을 받으려고 한 것도 아니었다. 평가서를 제출하는 숙제도 아니었기 때문이다.

담당 교수는 그 평가 내용에 대해 전혀 알 수가 없었다. 단지 이런 과정을 통해 학생들이 상호 평가의 긍정적 효과를 체험해보라는 취지였다. 결국 친구들이 그렇게 솔직한 피드백을 했던 이유는 불만의 표출이라기보다 오히려 내가 좀 더 적극적으로 바뀌고 내 역할을 다하기를 희망했던 것이다. 전혀 새롭고 적응하기 힘든 평가 방식이었지만 효과만큼은 인정할 수밖에 없었다.

한국식 상호 오픈 피드백

한국에 돌아온 후 나는 다섯 명이 함께하는 프로젝트를 진행했다. 한 달쯤 지났을 무렵, 나는 프로젝트 매니저에게 디자인대학원에서 배운 것과 같은 방식의 상호 피드백 시간을 갖자고 제안했다. 동료들에게 미국에서 겪은 나의 아픈 경험과 피드백 활동의 취지를 설명해주었다. 그리고 우리는 테이블에 마주 앉아 업무 수행과 관련한 각 구성원들의 장점과 단점을 다른 색깔의 포스트잇에 정성스럽게 작성했다.

그러나 내가 처음 기대했던 것과는 달리 약 한 시간 동안 진행된 피드백 시간은 서로의 장점을 확인해주는 시간으로 활용될 뿐이었다. 간혹 누군가 동료의 단점을 완곡하게 표현하긴 했지만, 장점인지 단점인지 헷갈릴 정도로 애매한 피드백이었다. 여러 사람이 있는 자리에서 누군가의 부족한 점을 지적한다는 것은 한국인의 정서상 쉽지 않은 일이다. 상대방을 위한 조언이라 할지라도 누군가는 쉽게 상처받을 수도 있기 때문이다.

그렇다면 이런 방식의 피드백은 의미가 없는 것일까? 결코 그렇지 않다. 내 경험상 상호 피드백 과정을 통해 우리는 몰랐던 자신의 장점을 알게 된다. 설사 스스로 인지하고 있던 장점일지라도 여러 사람들의 인정을 통해 장점을 더욱 강화할 수 있는 계기가 된다. 그리고 처음에는 어색하지만 그 횟수가 반복되면 차츰 상대방의 개선점까지도 적극적으로 피드백하게 된다. 이런 피드백은 동료의 진심이 담긴 것이며, 서로 신뢰 관계가 형성되었음을 의미한다. 뒤에서 험담하는 대신 나의 성장을 위해 조언해주는 피드백은 얼마나 고마운 일인가?

나는 이런 방식의 피드백 활동을 '상호 오픈 피드백'이라고 이름 붙였다. 그리고 몇 가지 가이드라인을 정리했다.

① **동료 간 피드백 활동에서 인사권자는 배제한다.** 피드백 시간이 끝나면 작성한 응답지나 포스트잇은 본인에게 전해주고, 피드백 과정은 그 시간 내에 모두 완료되어야 한다. 이 활동의 목적은 고과 평가가 아니라 참가자의 상호 성장과 발전을 돕기 위한 것이다.

② **개인의 성격이 아니라 일과 관련된 것이어야 한다.** 일은 자신의 노력 여하에 따라 개선이 가능하지만, 성격은 쉽게 바꿀 수 있는 게 아니다. 상대방의 성격이나 성향에 대한 피드백은 자칫 감정을 상하게 할 수 있다. 따라서 말하는 사람뿐만 아니라 피드백을 받는 사람에게 가장 중요한 원칙은 일과 인격의 완전한 분리다. 일에 대한 평가를 내 인격에 대한 도전이나 모독으로 오해해서는 절대 변화와 혁신을 기대할 수 없음을 명심하자.

③ **추상적이지 않고 구체적이어야 한다.** 다른 해석이나 오해가 발생하지 않도록 구체적인 사례를 드는 것이 좋다. 막연한 칭찬이나 조언은 시간이 지나면 남는 것이 없기 때문이다.

④ **장점을 먼저 말하고 난 후 개선할 점을 이야기한다.** 장점을 먼저 이야기하면 기분이 좋아지고 개선 피드백을 받아들일 마음의 준비가 되기 때문이다.

⑤ **한 번에 그치지 않고 몇 차례 진행한다.** 피드백의 목적은 개선과 발전이기 때문에 어느 정도 시간이 지났을 때 어떤 변화가 있었는지 스스로 체크할 필요가 있다. 예를 들어 3개월간 함께 일하는 상황이라면 한 달쯤 지났을 때와 3개월 후 업무가 모두 끝난 시점에 하는 것이 효과적이다. 1년을 기준으로 한다면 분기

단위가 적합하다.

　상호 오픈 피드백의 참여 인원 규모는 크게 상관없다. 두 명일 수도 있고 다섯 명일 수도 있다. 물론 너무 많으면 시간이나 노력이 많이 든다. 이 같은 방식의 피드백은 상호간의 신뢰를 바탕으로 한다. 처음에는 어색하고 불편하겠지만 효과는 분명 크다.

　스스로 변화하고 성장하고 싶다면 먼저 자신을 객관적으로 평가할 줄 알아야 한다. 《사람은 무엇으로 성장하는가》의 저자 존 맥스웰은 "평가는 통제와 개선으로 가는 첫 번째 관문이다. 평가하지 않으면 이해할 수 없고, 이해할 수 없으면 통제할 수 없다. 또 통제할 수 없으면 개선을 기대할 수도 없다"라고 했듯이, 사람이든 조직이든 발전하고 성장하기 위해서는 반드시 평가와 피드백 시스템을 갖춰야 한다. 특히 사회적 지위가 올라갈수록 더욱 그렇다. 지위가 높은 사람들은 솔직한 평가와 피드백을 받을 수 있는 기회가 그만큼 줄어들기 때문이다.

●

인정하고 격려하는 피드백의 마술

변화와 혁신에 대한 인간의 갈망을 자극하고 지속적인 동기를 부여할 수 있는 재료는 무엇일까? 바로 기대와 인정이다. 누구나 더 발전하고 싶어 하고 그만큼 사회로부터 인정받기를 원한다. 비록 혼자 일하거나 주위 사람들과 교류할 필요가 없는 사람들조차도 자신의 실력이나 결과물을 남들에게 인정받기를 원한다. 선천적으로 외부 사람들과 교류하기를 꺼려 하는 사람들도 예외는 아니다.

얼마 전 일요일, 나는 아내와 함께 아들이 참가한 웅변대회에 다녀온 적이 있다. 일주일에 한 번씩 스피치 학원에서 발표 연습을 하던 아이들이 200명쯤 되어 보이는 친구들과 어른들 앞에서 큰 소리로 외치는 모습을 보니 대견하다는 생각이 들었다. 그런데 그 대회를 준비한 학원 원장의 철학이 또한 가슴에 와 닿았다. 참가비도 안

받고 아이들을 위해 이런 큰 규모의 발표 대회를 개최하는 이유는, 모든 아이들에게 남들 앞에 설 수 있는 배짱과 용기를 심어주는 것이라고 한다. 특히 청중들의 가장 큰 의무는 어린아이들이 잘하든 못하든 모두에게 큰 박수와 리액션을 해주는 것이라고 강조했다. 조금 잘했어도 크게 호응해주면 점점 더 잘하게 된다는 것이다.

원장의 이야기를 듣고 있으니 인도의 과학자이자 교육자인 수가타 박사의 실험이 떠올랐다. 수가타 박사는 가난한 인도의 시골 마을 아이들을 대상으로 컴퓨터를 활용한 자기주도 학습법의 가능성을 실험했다. 그는 건물의 벽면에 컴퓨터를 설치해 마을의 아이들이 마음껏 사용할 수 있게 했는데, 호기심 가득한 아이들은 서로 컴퓨터를 조작해보면서 스스로 학습하기 시작했다. 몇 개월 뒤 수가타 교수는 마을을 다시 찾았고 깜짝 놀랐다. 글을 읽거나 쓸 수 없었던 아이들이 컴퓨터를 자유자재로 다룰 뿐만 아니라 메일 계정을 만들어 편지까지 주고받고 있었기 때문이다. 그는 가난한 탓에 교육의 기회를 얻지 못하는 전 세계 아이들이 컴퓨터를 활용해 스스로 학습할 수 있도록 돕는 교육운동을 펼치고 있다.

수가타 박사는 인터넷 통신망Broadband, 친구들끼리의 협력Collaboration 그리고 어른들의 격려Encouragement만 있다면 기존의 교육 시스템 이상의 학습 효과를 기대할 수 있다고 주장한다. 특히 박사는 학습에서 격려와 존중의 중요성을 강조한다. 아이들을 직접 가르칠 게 아니라 단지 옆에서 리액션과 격려만 해주면 된다는 것이다. 이는 단지 아이들의 학습에만 국한된 게 아니다. 성인들의 변화와 성장을 위한 협력적 피드백 시스템에서도 서로의 관심과 격려가 절대적인 영향을 미친다는 시사점을 얻을 수 있다.

사람은 누구나 인정받고 싶어 한다. 그러나 그렇게 쉽게 상대방을 인정해줄 줄 아는 사람은 많지 않다. 돈이 드는 것도 아닌데 말이다. 경쟁 사회라서 그런 걸까? 상대를 인정하면 내가 낮아진다고 생각할 수도 있겠지만, 사실 상대방의 진정한 가치를 발견하고 인정해주면 그 가치를 발견한 자신의 가치 또한 같이 올라간다. 그리고 그러한 인정은 무조건적인 칭찬과도 다르다. 겉으로 하는 칭찬은 순간적인 기쁨을 주지만, 나의 가치에 대한 인정은 내면적이면서 지속적인 변화 동기로 작용한다.

지금까지 개인의 변화와 혁신을 위해 필수적인 활동인 '피드백'의 중요성에 대해 살펴보았다. 솔직한 피드백은 때로는 부담스럽고 불편하게 느껴질 수도 있지만, 상대방과의 신뢰를 바탕으로 하기 때문에 기쁜 마음으로 받아들일 수 있어야 한다. 장기적인 관점에서 피드백은 우리의 부족함을 메워주고 끊임없이 앞으로 나아갈 수 있게 도와주는 성장의 원동력이 될 것이다.

CHAPTER 09

결핍을 에너지로 만든다

콘셉트 인사이트 8
결핍

결핍의 사전적 의미는 '있어야 할 것이 없거나 부족한 상태'를 말한다. 이는 절대적이면서
상대적인 개념이다. 컵에 물이 반쯤 담겨 있다고 생각해보자. 어떤 사람은 물이 부족하다고
느끼겠지만, 어떤 사람은 그 정도면 충분하다고 생각한다. 부족한 물을 채우고자 애쓰는
사람은 상대적으로 '결핍력$^{Deficit\ Level}$'이 높은 사람이다. 여기서 말하는 부족한 물은 개인의
경제력, 특정 분야의 지식과 통찰력은 물론 건강이나 사회 활동에서의 소셜 파워$^{Social\ Power}$
등 사람이 살아가는 데 필요한 모든 분야의 요소들을 망라한다. 이렇게 결핍은 사람과 상
황에 따라 다르게 나타난다. 그리고 그러한 사고방식과 삶의 자세는 결과에서 큰 차이를
보인다.

결핍의 힘

•

인류는 오래전부터 부족함과 갈증 그리고 그것을 채워가는 과정 속에서 진화와 발전을 거듭해왔다. 마티아스 호르크스는 《테크놀로지의 종말》에서 생명체와 그들의 주변 환경이 서로 불일치할 때 새로운 테크놀로지가 발생한다고 했다. 그런 측면에서 오늘날의 풍족함은 오히려 우리를 더욱 나약한 존재로 만들고 있는지도 모른다.

내가 만나본 50명의 고수들 중 상당수는 어렵고 척박한 환경을 스스로의 힘으로 극복한 사람들이다. 처음에는 그들의 유년 시절의 가난함이나 사업 초기의 절망스러운 상황을 극복해가는 과정에 관심을 갖게 되었다. 그런데 좀 더 깊이 있는 분석을 하면서 놀라운 사실을 발견했다. 성공하는 사람들이 큰 고비와 절망을 극적으로 극복해냈다는 사실 자체가 중요한 게 아니었다. 정작 우리가 주목해야 할 부분은 남들이 보기에는 결핍을 충분히 극복했음에 불구하고 그들은 끊임없이 자신만의 결핍 상태를 유지하려 애쓴다는 사실이다. 그것이 일반인과 끊임없이 혁신하고 성장하는 사람들의 가장 큰 차이이다.

한국의 토종 커피 브랜드인 카페베네의 김선권 대표는 중앙대 강연에서 젊은 청중들에게 이렇게 말했다.

"저는 차도 다니지 않던 산골 마을에서 자랐습니다. 9남매 가정에서 아버님께서는 일찍 돌아가셨고, 어머님께서 우리 9남매를 홀로 키우셨어요. 미당 서정주 선생님이 '나를 키운 건 8할이 바람'이라고 했듯이 저를 키운 건 8할이 결핍이었습니다. 아이러니하게도 어린 시절의 혹독한 가난과 시련이 저를 결핍에서 탈출하게 하는 원동력이 되었습니다."

'결핍의 힘'을 잘 아는 김 대표는 사업 초기에 직원들과 아침마다 모여 함께 구호를 외쳤다고 한다. "우리는 1등입니다. 그러나 3등처럼 노력하겠습니다." 처음에 직원들은 기가 막히다는 표정이었다. 이제 오픈한 지 얼마 되지도 않았는데 1등이라니 말도 안 되는 소리라고 생각했을 것이다. 하지만 3년이 지나고 그 구호는 현실이 되었다. 2013년 1월, 뉴욕으로 비즈니스 출장을 갔을 때 일부러 타임스퀘어에 있는 카페베네 글로벌 1호 매장을 찾아간 적이 있다. 그곳에서 나는 커피 브랜드를 글로벌로 역수출하겠다는 김선권 대표의 또 다른 결핍이 현실이 되어가고 있음을 확인할 수 있었다.

종적 결핍과 횡적 결핍

결핍 지수가 높은 사람들은 2가지 형태로 나누어볼 수 있다. 첫 번째 유형은 한 가지 일이나 전문 분야에서 지속적으로 자신의 부족함을 인지하고 채우려고 애쓰는 사람들, 즉 종적 결핍 지수가 높은 사람들이다. 우리는 주변에서 이런 유형의 사람들을 어렵지 않게 만날 수 있다. 그들은 자기 분야의 최고 전문가가 되기 위해 끊임없이 노력한다.

또 다른 유형은 한 가지 분야의 부족함을 채우면서도 인접 분야로 실력을 확장하는 사람들이다. 이들은 횡적 결핍 지수가 높은 사람들이다. 물론 하나에 집중하지 못하고 이것저것 해보는 식의 행동

결핍의 2가지 유형

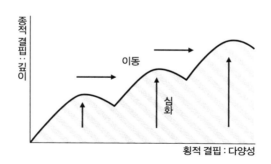

양식과는 다르다. 그들은 어느 특정 분야의 깊은 전문성을 갖추기 위해 노력하면서, 동시에 연관 분야 또는 전혀 다른 목표 분야를 정해 역량을 확장하려고 애쓴다. 특히 창조적 발상과 학제 간 시너지를 요구하는 영역에서는 횡적 결핍이 점점 더 중요해지고 있다.

피터 드러커는 《프로페셔널의 조건》에서 자신의 성장과 혁신 노하우를 소개했다. 20대 초반 기자 생활을 할 때부터 60년 넘게 지켜온 방법인데, 3년 내지 4년마다 자신의 직업 영역과 전혀 다른 주제를 선택해서 일과 후 틈날 때마다 공부를 했다고 한다. 그가 공부한 분야는 국제 관계와 국제법, 중세 역사, 재무, 일본 미술, 경제학 등 정말 다양하다. 3년 정도 공부한다고 해서 그 분야를 완전히 터득할 수는 없지만, 그 분야가 어떤 것인지 이해하는 데는 충분하다고 한다. 이런 방식으로 그는 상당한 지식을 쌓을 수 있었을 뿐만 아니라, 새로운 주제와 새로운 시각 그리고 새로운 사고 방법들에 대해 개방적인 자세를 취할 수 있었다.

내가 최근 관심을 기울이고 있는 분야는 중세 유럽사와 중앙아시아 유목사다. 틈틈이 시간 날 때마다 책을 읽고 인터넷도 찾아보면서 지식을 습득하고 있다. 내년에는 몽고 탐방 계획도 있다. 내가 수행하는 업무와는 전혀 관련이 없어 보이지만, 피터 드러커의 말처럼 새로운 영역으로의 확장을 통해 궁극적인 시너지 효과를 기대할 수 있을 것이다.

결핍과 풍족은 동의어

　무엇이든 새로운 것을 만들어낸다는 것은 결코 쉬운 일이 아니다. 시장에 선보이는 새로운 제품이든 무에서 유를 창조하는 예술 작품이든 모두 마찬가지다. 그만큼 시간과 노력이 투입되어야 결과를 얻을 수 있다.

　역사에 남을 만한 발견이나 발명품 중 흔히 번쩍이는 아이디어가 떠올랐다는 얘기로 시작되는 성공 스토리는 수도 없이 많다. 하지만 그런 대단한 발견과 기발한 아이디어가 과연 번쩍이는 섬광처럼 어느 순간 머릿속에 떠오르는 것일까? 나는 그렇지 않다고 생각한다. 그런 결과물이 나오기까지 끊임없이 집중하고 몰입하는 과정을 거쳤을 것이다. 그런 몰입의 상태에서는 본인은 쉬고 있다고 생각하지만 사실 머릿속 CPU는 계속 돌아가고 있었을 것이다. 이러한 몰입과 창조적 발상은 부족한 환경이나 제약된 조건, 그러니까 결핍 상태에서 발현하는 경우가 많다.

김형석 작곡가는 〈나눔 콘서트〉에서 다음과 같이 말했다.

"작사 작곡을 할 때 다양한 소스로부터 예술적 영감을 얻을 수 있는 자신만의 환경을 만들어야 해요. 그렇지만 그런 환경과 시스템이 완벽할 필요는 없어요. 오히려 작가는 추운 날씨에 외투 입고 떨면서 슈퍼에 다녀오는 길에 영감을 얻게 되죠."

내 몸과 마음이 풍족함을 느끼는 순간, 무언가를 채우려고 하는 결핍 본능은 현저히 떨어지게 된다. 그것이 성공한 많은 사람들이 끊임없이 새로운 목표를 세우고 결핍 상태를 유지하는 이유가 아닐까?

사람은 목표를 달성했을 때 기쁨을 느끼지만 그 행복감은 그리 오래가지 않는다. 오히려 목표를 채워가는 과정 속에서 꾸준히 행복을 느끼게 된다. 그러니 우리는 전체적인 행복감을 높이기 위해서라도 좀 더 높은 목표를 계속해서 만들어야 한다.

성공한 사람들은 가난에서 벗어나는 것이 목표가 아니라 최고의 영화배우가 되는 것, 최고의 작곡가나 요리사가 되는 것이 목표였다. 그 목표를 이루어가는 과정에서의 어려움이나 장애물은 오히려 그들을 더 강하고 질긴 사람으로 만든다는 것을 그들은 잘 알고 있다. 그들은 결핍의 반대편에 있는 풍족함을 꿈꾸고, 꿈을 이루어가면서 또다시 풍족함의 반대편에 있는 결핍을 그리워한다. 결국 결핍과 풍족함은 변화와 혁신을 추구하는 사람들에겐 동의어인 셈이다.

●

호기심을 끝까지 유지할 것

성장을 꿈꾸는 사람들은 한 분야에 정통해지려고 노력한다. 최고가 되기 위해서는 해당 분야를 오랫동안 공부하고 또 공부해야만 한다. 그러나 한 가지 전제 조건이 있는데, 바로 호기심을 끝까지 유지하는 것이다. 프라이머의 권도균 대표는 이렇게 말했다.

"신규 사업이나 아이템을 발굴하는 것은 그 분야를 잘 아는 사람이 빈 틈새를 찾는 활동입니다. 고객이 겪는 어려움 중에 채워지지 않는 것을 발견해야 하는 거죠. 그러나 내가 제일 잘 아는 분야는 안 되는 이유가 더 많이 보이는 법입니다. 그래서 그런 과거의 경험이 새로운 시도를 가로막게 됩니다. 그게 문제죠."

실제로 회사 안팎에서 이른바 해당 분야 전문가들을 만나면 권대표의 말이 금방 이해된다. 한 분야의 사업을 오랫동안 운영하다

보면 아주 디테일한 부분까지 고민하게 되고 발생 가능한 문제점을 수도 없이 검토한다. 이런 일은 직업적인 업무이기 때문에 너무 당연하다. 그런데 중요한 점은 그 당연함으로 인해 숨어 있는 틈새를 놓치는 경우가 있다는 것이다. 또한 당연하게 처리하던 기존의 방식과는 다른 새로운 방식이 훨씬 좋은 결과를 만들 수 있는데도 쉽게 받아들이지 못하는 경우도 많다.

나는 회사에서 허영만 만화가의 강연을 들은 적이 있다. 강연이 끝날 무렵 한 참석자가 이런 질문을 했다. "1980년대 초반에 《변칙복서》를 감명 깊게 읽은 기억이 납니다. 그 책에서 주인공의 권투 장면들이 너무나 실감나고 리얼했습니다. 혹시 그런 장면 묘사를 위해 실제로 권투 도장을 다니면서 권투를 배우기라도 하셨나요?" 이 질문에 허영만 만화가는 "너무 많이 알면 거짓말을 못해요"라고 답했다.

매사 모든 일에 대해 너무 잘 알다 보니 안 되는 이유를 찾고, 당장의 가능성만을 따지는 비즈니스맨들을 꼬집는 듯 가슴에 크게 와닿았다. 많이 몰라도 된다는 얘기가 아니라 내가 아는 작은 지식에 매몰되어 새로운 시도를 게을리하지 말아야 함을 의미하는 것이었다. 항상 호기심을 갖고 현상을 새롭게 바라봐야 하는데, 어른들에겐 좀처럼 쉽지 않은 일이다. 그런데 어린아이들을 보면 너무나 쉬워보인다.

초등학교 2학년인 내 아들은 밤에 잘 때마다 책을 읽어달라고 한다. 문제는 아들이 읽어달라며 가져오는 책들은 대부분 다섯 살 때부터 수십 번씩 읽은 책들이라는 것. 어른인 나로서는 같은 책을 계속 읽는 것보다는 새로운 책을 읽어주고 싶지만, 아이가 원하는 책이니 또다시 같은 책을 읽어나간다. 그런데 신기하게도 아들은 매번 처음 읽는 책인 양 호기심 어린 눈으로 책 내용에 집중한다.

몇 년 전 독서 분야 전문가를 인터뷰한 적이 있는데, 그의 주장에 따르면 아이들은 한 권의 책으로 100가지 상상을 할 수 있다고 한다. 그래서 한 권을 100번 읽어주면 100권의 새로운 책을 읽은 것과 같은 효과가 있다고 한다. 같은 스토리의 책을 읽더라도 어른들은 형식적이고 피상적으로 읽지만, 아이들은 늘 새롭고 구체적인 상상을 하면서 읽는 것이다.

자신만의 한 줄 콘셉트를 디자인하는 사람들은 마치 어린아이들의 책 읽기와 같이 끝없는 호기심으로 현상을 바라봐야 한다. "세상에서 가장 강력한 질문은 엉뚱한 질문이다"라고 말한 도널드 노먼 교수의 주장처럼 우리는 호기심으로 엉뚱해질 필요가 있다. 다이슨의 날개 없는 선풍기, 버튼을 없앤 아이폰 등 수많은 기발한 상품들은 대부분 사물에 대한 엉뚱한 호기심과 개념의 재정의로부터 시작되었다. 물론 우리는 한 분야의 정통한 전문가를 지향한다. 하지만 항상 어린아이와 같은 초심자의 마음가짐으로 새로운 아이디어와 대안을 갈구해야만 한다.

CHAPTER 10

드리밍,
미래의 점들을 연결하라

콘셉트 인사이트 9

드리밍

우리는 누구나 꿈을 갖고 있다. 하지만 그 꿈을 현실에서 이루기란 쉽지 않다. 왜일까? 이번 장에서는 제대로 된 꿈꾸기 방법인 '드리밍'의 의미와 그 중요성에 대해 살펴보고자 한다. 지금 어떤 생각의 씨앗을 뿌리느냐에 따라 자신의 미래는 100퍼센트 변한다. 생각의 점은 시간이 지나면서 서로 연결되어 하나의 선이 되기 때문이다. 꿈이 최종 목적지라면 콘셉트는 그 과정에서 반드시 거쳐야 하는 중간 경유지와 같다. 중요한 것은 자신만의 콘셉트를 추구하다 보면 결국 꿈의 목적지에 도착하게 된다는 것이다. 각자의 꿈과 연결되는 미래 지도를 그리는 방법에 대해 알아보자.

당신은 미래 지도를 가지고 있는가

나의 미래는 어떤 모습일까? 나는 무슨 일을 하면서 노후를 보내게 될까? 혹시 운명에 따라 미래의 내 모습이 이미 결정되어 있는 것은 아닐까? 세상에 운명 따위는 없다고 한다면 과연 내가 바꿀 수 있는 미래의 범위는 도대체 어디까지일까? 차라리 미래를 내다볼 수 있는 지도 한 장이 있으면 얼마나 좋을까?

어렸을 때 나는 이런 궁금증들을 가지고 있었다. 그래서 중학교 무렵부터 어른들이 보는 긍정심리학이나 자기계발과 관련된 책들을 읽곤 했다. 특히 중학교 2학년 어느 날, 아버지께서 할부로 사오신 성공 심리학과 관련된 책과 테이프 세트를 접하게 되었다. 미국의 유명한 자기계발 전문가들의 강연을 번역한 내용들이었는데, 수십 개나 되는 카세트테이프를 들으면서 강렬하고 자극적인 사례들에 매료되었다.

　정확히 기억나지는 않지만 대략적인 내용은 사람의 잠재력은 무궁무진하며, 누구나 마음만 먹으면 이루지 못할 일은 없다는, 지금 생각하면 아주 평범한 내용이었다. 어린 나이에도 불구하고 나도 뭔가 할 수 있을 것만 같은 생각들이 꿈틀거렸다. 그런 에너지를 가지고 공부에 매진했다면 좋았겠지만, 아쉽게도 사춘기 소년에게는 다른 고민거리가 너무나 많았다. 어쨌든 어린 시절에 접했던 긍정심리학은 어른이 된 지금까지도 크고 작은 영향을 주고 있다.

　우리는 어려서부터 큰 꿈을 가져야 한다는 말을 수없이 들으면서 자라왔다. 대통령이 되는 꿈이든 선생님이 되는 꿈이든 우리는 누구나 크고 작은 꿈을 가지고 있었다. 그런데 언제부터인가 우리는 서서히 꿈을 잃어버렸고, 나이가 더 들면서 현실이라는 벽을 마주할 때마다 그 꿈들은 차츰 희미해졌다. 마치 지난 밤 꾸었던 생생한 꿈속 장면들이 아침에 잠에서 깨어났을 때 서서히 사라져버리듯 미래에 대한 꿈도 그렇게 사라지고 만 것이다.

　왜일까? 도대체 무엇 때문에 우리는 꿈을 잃어버리는 것일까? 나는 많은 고수들을 직접 만나보면서 그들에게서 남다른 기운을 느낄 수 있었다. 그것은 바로 생기生氣였다. 그 생기는 그들의 꿈과 목표에 대한 진지한 태도 그리고 지속적인 도전에서 생겨난다는 사실을 알 수 있었다. 과거에 내가 생기 없이 하루하루를 그냥 살아갔던 이유는 제대로 된 꿈꾸기를 하지 않았기 때문이라는 사실 또한 이제는 알고 있다.

어렸을 때는 잘 몰랐지만, 15년 정도의 직장생활을 경험하면서 꿈, 긍정적인 사고, 도전과 열정 같은 너무나 당연한 키워드들의 조합들이 인간의 삶에 어떤 영향을 주는지를 깨닫게 되었다. 특히 혁신 고수들을 만나면서 나만의 콘셉트 만들기와 미래 지도Future Map를 완성하는 방법에 대해 깊이 고민하게 되었다.

꿈은 현재 진행형이어야 한다

내가 만나본 혁신 고수들은 모두 꿈에 관해서는 행동주의자들이었다. 그들은 끊임없이 크고 작은 꿈들을 이루어가며 또 다른 꿈을 행동으로 옮긴다. 그들은 그만큼 꿈과 목표에 관해 절실해했다. 총각네 야채가게 이영석 대표는 북포럼 강연에서 꿈과 목표의 차이에 대해 이렇게 이야기했다.

"사람들은 꿈과 목표를 헷갈려 하는 것 같아요. 예를 들어 2002년 월드컵 때 대한민국 대표팀이 16강에 진출하는 것은 우리 국민들에게 꿈일까요, 목표일까요? 그것은 꿈입니다. 나 대신 누군가 이루어 줄 수 있다면 그것은 꿈입니다. 반면 나 말고 아무도 할 사람이 없는 것은 목표입니다. 그런 의미에서 대한민국 축구 대표팀에게 16강은 꿈이 아니라 목표겠죠? 여러분은 꿈만 꾸지 말고 절실한 목표를 가지면 좋겠습니다."

이영석 대표가 말하는 목표는 꿈이 꿈에서 그치지 않고 끊임없이 자신의 행동을 촉발시킬 수 있어야 한다는 의미일 것이다.

나는 인간이 꿈을 이루기 위해서는 '미래 완료형의 꿈Dream이 아니라 현재 진행형의 드리밍Dreaming'을 해야 한다고 주장한다. 많은 사람들이 자신이 희망하는 이상적인 미래의 꿈에 집중한다. "나는 베스트셀러 소설가가 될 거야"라든가 "나는 대한민국 최고의 CEO가 될 거야"와 같은 멋진 꿈을 꿀 수 있지만, 그것은 미래의 가장 이상적인 어느 순간을 소망하는 미래 완료형의 가정이다. 그래서 구체적이지 않고 언제까지 무엇을 할지 기약도 없다. 뿐만 아니라 우리는 수시로 찾아오는 보이지 않는 기회와 마주칠 때마다 '나중에'를 외치며 그 기회를 내일로 미룬다. 왜냐면 꿈은 원래 나중에 이루고 싶은 것이므로 지금 당장 뭔가를 하지 않아도 되기 때문이다.

그에 반해 드리밍은 미래를 지향하면서도 늘 현재 진행형이다. 미래에 도착해야 할 목적지가 있지만, 그곳에 도착하기 전까지 거쳐야 하는 중간 경유지가 어디인지도 잘 알고 있다. 꿈꾸는 목적지에 도착하기까지 거쳐 가는 경유지, 즉 콘셉트는 우리에게 목적지를 향해 계속 나아갈 수 있는 힘과 용기를 준다. 이렇게 드리밍을 하면 가까운 시간 내에 내가 무엇을 해야 할지 구체적으로 알 수 있다. 먼 미래에 이루어야 할 대상인 꿈이 현재의 내 행동에까지 직접적인 영향을 주는 것이다. 지금 당장 행동으로 옮길 수 없는 꿈이라면 그것은 단지 지난 밤의 달콤한 꿈과 다를 바 없다. 아무리 달콤해도 꿈은 꿈일 뿐이다.

나는 목표라는 말 대신 드리밍이라는 단어를 좋아한다. 사람마다 다르게 느낄 수 있겠지만, 목표는 비교적 단기적이면서 실현 가능성 측면에서 현실성을 크게 고려하게 된다. 반면 드리밍은 중장기적인 것이며, 현실성보다는 눈에 보이지 않는 인간의 잠재 가능성 발굴과 그에 따른 행복에 주목한다. 이렇게 드리밍은 최종적인 꿈 자체보다는 꿈을 이루어가는 과정에서의 성장과 발전에 더 큰 의미를 둔다. 결국 목표는 드리밍 과정의 일부라고도 할 수 있다.

지금의 나는 과거의 내가 만든 것

현재의 나는 왜 이 자리에 있을까? 나를 둘러싼 환경과 내 주변의 사람들, 현재의 내 모습에 만족하는 이도 있겠지만 자신의 처지에 불만을 갖는 이도 있다. 분명한 것은 자신이 과거부터 했던 생각의 씨앗이 자라나서 오늘에 이르렀다는 점이다. 이는 현재 내가 생각하는 것들이 미래의 내 모습이 될 것이라는 사실과도 연결된다. 콩을 심었는데 팥이 날 수 없듯이 내가 심은 씨앗이 무엇이냐에 따라 모든 것이 바뀐다.

너무나 당연한 말처럼 들리겠지만, 이 말의 의미를 깊이 고민하고 일상에서 적용하는 사람은 그리 많지 않다. 오히려 세상은 불확실성 때문에 자신의 의지와는 상관없이 돌아간다고 믿는 사람이 훨씬 더 많은 것 같다. 그러나 적어도 지금 이 순간만큼은 논리와 이성의 머리로 그것을 밀어내지 말고 마음을 열어 받아들여 보자.

2007년 봄에 나는 영어 학원을 다닌 적이 있는데, 수업 중에 스티브 잡스의 스탠퍼드 대학 졸업식 연설을 공부했다. 그런데 연설 비디오를 보면서 눈과 귀가 뻥 뚫리는 것만 같았다. 당시는 아이폰이 한국에 들어오기 전이어서 사실 잡스에 대해 별 관심이 없었지만 연설 내용을 읽고 크게 공감했다. 집에 돌아와 몇 번이나 반복해서 공부했는지 모른다.

아침에 일어나 거울을 볼 때마다 오늘이 내 인생의 마지막 날이라면 나는 과연 지금 하려는 일을 할까? 'No'라는 답이 며칠째 계속된다면 다른 변화가 필요한 시점이라는 이야기와 사회에 첫발을 내딛는 학생들에게 마지막으로 던졌던 "Stay hungry, stay foolish!항상 갈구하고 항상 우직하라!"는 지금도 귀에 생생하게 들리는 듯하다. 당시 그 얘기를 들으면서 나는 스스로의 도전과 열정에 대해 돌아보았다. 또 그 연설에서 잡스는 평소에 내가 막연하게 생각하고 있던 삶의 철학을 명쾌하게 표현해주었다.

"Connecting the dots인생의 점 잇기."

잡스는 대학교에 입학한 지 얼마 되지 않아 학교생활에 크게 흥미를 느끼지 못했고, 고민 끝에 학교를 그만두게 된다. 그리고 틈날 때마다 학교에서 진행하는 서체 강연을 들었다. 다양한 글씨체의 매력에 빠져들었지만, 그 강연이 먼 훗날 자신의 인생에 얼마나 큰 영향을 주게 될지는 알 수 없었다. 10년 후 매킨토시를 디자인할 때 그

때 배웠던 아름다운 서체들이 고스란히 반영되었다. 10년이라는 시간이 지난 후에야 뒤돌아보니 모든 것이 분명해졌다는 것이다. 자신이 창립한 회사에서 쫓겨난 잡스는 픽사에서 고난의 세월을 겪으며 3D 애니메이션인 〈토이 스토리〉로 또 한 번 세상을 놀라게 했다. 그 성공을 계기로 잡스는 애플의 CEO로 다시 돌아오게 되었다.

당시의 상황은 분명 최악이었지만, 지나고 보니 그 상황들은 오히려 자신을 인생에서 가장 창의적인 시간으로 인도했음을 깨달았다고 잡스는 고백했다. 그의 말처럼 우리는 미래의 점들을 선명하게 그릴 수 없다. 다만 시간이 한참 흐른 후 뒤돌아보았을 때, 인생은 크고 작은 점들로 연결되어 있음을 발견하게 될 뿐이다.

나 역시 하루하루 생활 속에서 순간의 작은 선택들이 모여 오늘의 내 모습이 그려졌다고 믿고 있다. 예를 들면 입사 시험을 보러 가던 날 나에게는 2가지의 선택이 있었다. 금융 회사와 이동통신 회사였다. 물론 두 군데 다 합격하리라는 보장도 없지만, 통신 회사를 선택하면서 나의 사회생활은 시작되었다. 통신 회사를 다니면서 나는 익숙하지 않은 ICT 용어들을 매일 사용해야만 했고, 만나는 사람들 역시 통신 대리점 사장, 고객센터 상담원과 같이 전혀 예상하지 못한 만남의 연속들이었다. 지금은 모바일 앱이나 서비스 개발자들을 만나기도 하며, 또 그 서비스들을 사용하는 고객들을 수시로 만나고 있다.

그런데 만약 그날 내가 금융 회사의 입사 시험에 응시해 합격했더라면 내 삶은 어떻게 바뀌었을까? 전혀 다른 종류의 업무를 하며 시간을 보내고 있을 것이며, 만나는 사람들 역시 전혀 새로운 사람들일 것이다.

ICT 회사의 특성상 나는 입사 후 꽤 많은 부서를 이동해야만 했다. 어떤 때는 제발 그 부서로만은 가지 않게 해달라며 인사팀에 호소하기도 했다. 내 성격은 그 일과 전혀 맞지 않기 때문에 회사와 나를 위해서 재고해달라고 했지만, 막상 그 일을 맡아서 해보면 재미도 있을 뿐만 아니라 성과가 좋은 적도 있었다.

우리는 흔히 낯선 것에 거부감을 갖기 쉽지만, 익숙하지 않다는 이유 때문에 생기는 두려움인 경우가 더 많다. 어쨌든 일상의 크고 작은 선택들에 의해서 현재의 내 모습이 존재한다는 사실은 분명하다. 물론 그 선택이 본인의 의지와 관계없는 경우도 있지만, 중요한 것은 그 순간들을 대하는 나의 태도. 현재의 이 순간이 하나씩 쌓여 결국 내일의 내 모습이 되기 때문이다.

얼마 전 EBS 다큐멘터리에서 상대성 이론과 양자역학 이론에 대해 소개한 것을 관심 있게 본 적이 있다. 특히 인상 깊었던 내용은 원자와 전자의 역학 관계 그리고 그보다 더 작은 세계를 다루는 미립자에 관한 것이었다. 눈으로 보이진 않지만 세상의 가장 작은 단위의 입자는 점이 아니라 작은 끈으로 구성되어 있다고 한다. 모든 물질과 힘은 이 끈들이 진동하면서 만들어진다. 쉽게 이해하기 힘들어 5부작을 몇 번이고 다시 시청했다. 인터넷을 찾아보고 서점에서 책도 찾아봤지만 어려운 것은 마찬가지였다.

하지만 머릿속에 떠오르는 게 하나 있었다. 물리학의 끈 이론으로 인간의 생각 에너지를 설명할 수 있다는 것이다. 생각 에너지의 파동 역시 단면을 잘라보면 점으로 보이지만, 시간의 차원을 더하면 점이 아니라 선으로 이어져 있을 것이다. 어떤 종류의 생각 에너지를 얼마나 강하게 발산하느냐에 따라 필연적으로 어떤 결과와 연결된다는 것도 설명 가능하다. 콩을 심으면 콩이 나고 팥을 심으면 팥이 나듯이 말이다.

결국 현재 나의 일과 환경 그리고 내가 만나는 사람들은 과거에 내가 어떤 생각과 의도를 가졌는지에 대한 결과다. 현재의 상황이 부정적일지라도 실망할 필요는 없다. 그 생각 에너지 열차를 긍정 궤도에 올려놓기만 하면 되니까. 물론 실현 여부는 그 생각 에너지가 얼마나 강한가, 즉 얼마나 절실한가에 의해 결정된다. 하지만 분명한 사실은 절실하면 반드시 행동이 뒤따른다는 것이다.

늦지 않았다,
나만의 미래 지도를 그려라

　　그렇다면 미래 지도는 어떻게 그려야 할까? 내가 만약 20대라면 무조건 다양한 영역에서의 경험을 쌓으며 새로운 사람들을 만날 것이다. 그리고 차츰차츰 내 꿈의 지도를 그려가면 된다.

　　그러나 어느 정도 사회 경험이 있는 30~40대의 직장인이라면 미래 지도 그리기를 위한 무조건적인 시도보다는 현명한 접근이 필요하다. 지금까지 지나온 삶의 궤도를 버리고 전혀 새로운 분야의 미래를 꿈꾸는 것은 현실적이지 않고, 자원과 역량의 효율적인 활용 측면에서도 바람직하지 않다. 콘셉트가 개인의 변화와 혁신의 시작점이라면 꿈은 끝점이다. 나는 간절히 바라는 최종적인 꿈을 현실화하는 과정을 4가지 단계로 정리했다.

STEP 1 꿈을 시각화하라

꿈을 구체화하는 작업에서는 자신의 꿈이 실현되었을 때의 구체적인 이미지를 그려보는 것이 필요하다. 이는 마치 전투에서 상대와 싸워야 할 지형지세를 미리 파악하고 있을 때 훨씬 효과적으로 대응할 수 있는 것과 마찬가지 이치다.

《첫 번째 질문》의 류랑도 저자는 기업이나 개인 차원의 실행력을 높이기 위해서는 먼저 그 일을 하는 목적Why을 분명히 해야 하며, 그것이 실행되었을 때의 모습인 미래 이미지To-be Image를 사전에 정의해야만 한다고 강조했다. 결과물의 모습을 제대로 그리지 못한 채 일을 시작하기 때문에 자원 배분의 실패 등으로 뜻하는 바를 제대로 이루지 못한다는 것이다.

나는 꿈을 시각화하는 구체적인 방법으로 4가지 프레임을 도출했다. 꿈이 이루어졌을 때의 미래 시점을 기준으로 아래와 같은 질문을 해보라.

① 나는 결국 어떤 일이나 활동을 하고 있는가?콘텐츠, Contents
② 나는 시간을 어떻게 활용하고 있는가?시간, Time
③ 나는 어떤 환경에서 활동하고 있는가?공간, Space
④ 나는 어떤 사람들을 만나고 있는가?사람, People

'나의 꿈'을 중심으로 콘텐츠(일), 시간, 공간, 사람 측면에서 구체적인 이미지화를 하는 것이다. 흔히 말하는 '꿈의 시각화'라고 할 수 있는데, 만약 쉽게 그려지지 않는다면 시간을 두고 천천히 그리면 된다. 내가 제안하는 4가지 드리밍 프레임은 개인이 한 줄 콘셉트를 실현하기 위한 구체적인 계획을 세우는 데 중심축으로도 활용할 수 있다.

STEP 2 해야 할 일 리스트를 만들어라

꿈을 시각화했다면 이제 '실행해야 하는 일들$^{Action\ Item}$'을 4가지 프레임별로 리스트업 해본다. 꿈의 실현과 관련성이 큰 것부터 관련성이 매우 낮은 것까지 최대한 많이 정리한다. 그런 다음 그 실행 아이템들을 타깃-맵에 뿌려본다.

타깃-맵$^{Target-Map}$은 하고 싶은 일과 꿈과의 관련성(중요성) 정도에 따라 4개의 셀^{Cell}로 구분된다. 그중에서 강하게 하고 싶은 일이면서 꿈과의 관련성이 높은 일들을 찾아낸다. 이 영역으로 구분된 해야 할 일 리스트$^{To-do\ list}$는 가장 먼저 실행해야 할 일들이다. 나머지 영역으로 구분된 것들은 시간을 두고 순차적으로 실행 여부를 결정하면 된다.

실행 아이템 맵핑

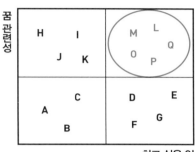

STEP 3 실행하고 피드백을 주고받아라

타깃-맵에서 최우선 순위 그룹에 있는 활동들을 실제로 실천하는 것이 중요한데, 생각만 하고 행동으로 옮기지 않는다면 모든 것이 시간낭비일 뿐이다. 그리고 실행만큼 중요한 것이 피드백이다.

실행한 것과 실행에 옮기지 못한 것을 정기적으로 업데이트할 필요가 있다. 적어도 1년에 한 번씩 타깃-맵을 새로 그려야 한다. 꿈을 이뤄가는 과정에서 외부 환경의 변화를 반영할 필요가 있기 때문이다. 또한 피드백 과정에서 자신의 꿈과 실행 계획에 대해 솔직한 피드백을 주고받을 수 있는 사람이 있다면 훨씬 효과적일 것이다. 나는 이런 사람들을 드림 메이트Dream Mate라고 부른다. 앞서 소개한 멘토이가 같은 역할을 수행할 수도 있다.

STEP 4 꿈을 널리 알려라

꿈을 실현하는 데 무엇보다 중요한 것은 밖으로 표현하는 것이다. 그러니까 의도적으로 자신의 꿈과 실행 계획을 밖으로 공표하는 것이다. 공표는 개인적 공표와 사회적 공표로 나눠 생각해볼 수 있다.

개인적 공표는 자신의 꿈과 실행 계획을 기록으로 표현하는 것이다. 되도록이면 눈에 잘 띄는 곳에 글이나 사진 등을 두고 본인이 언제든지 쉽게 접할 수 있게 해야 한다. 〈USA 투데이〉의 조사 결과에 따르면, 신년 계획을 글로 적어둔 사람들이 단지 머릿속에 담아둔 사람보다 1년 뒤 목표 성취율이 10배 이상 높게 나타났다고 한다. 글로 적어둘 뿐만 아니라 수시로 그 계획을 눈으로 새겨본다면 성취율은 훨씬 더 높아질 수밖에 없다.

그래서 나는 매년 연말이 되면 내년에 실현하고자 하는 꿈들을 자세히 종이에 적는다. 그리고 서랍에 넣어놓고 자주 꺼내서 읽곤 한다. 내가 사용하는 또 다른 방법 중 하나는 꿈꾸는 대상을 컴퓨터 바탕화면에 깔아놓는 것이다. 예를 들면 살고 싶은 아파트 사진을 찍어서 화면에 깔거나, 쓰고 있는 책 내용을 사진으로 찍어서 바탕화면에 깔아둔다. 컴퓨터를 사용할 때마다 내 눈은 드리밍의 대상을 머릿속에 각인시킨다. 그랬더니 신기하게도 많은 꿈들이 이루어졌다. 물론 아직 실현되지 않은 것들이 많지만, 꿈은 시간차를 두고 현실화되기 때문에 머지않아 이루어지리라 확신하고 있다.

사회적 공표는 가급적 주변의 많은 사람들에게 자신의 꿈을 드러내는 것이다. 사람들은 대부분 자신의 꿈을 남들에게 밝히는 것을 꺼려 한다. 왠지 꿈을 남에게 얘기하는 것은 창피하기도 하고, 거만한 행동으로 비춰질 수도 있다고 생각한다. 그래서 혼자서 머릿속으로만 생각하고 밖으로 드러내지 않게 된다. 그런데 혼자만의 머릿속에 있는 꿈은 마치 화로 속 불씨처럼 시간이 지나면서 점점 꺼지게 된다.

나는 혁신 고수들을 만나면서 꿈을 표현하는 것이 얼마나 중요한지 다시 한 번 깨닫게 되었다. 그들은 자신의 꿈과 목표가 명확할 뿐만 아니라 대중 앞에서 당당하게 표출하는 것을 즐긴다.

드리밍을 잘하고 공표하는 사람은 다른 사람들에게 꿈과 희망을 가지고 살아가는 생기 넘치는 사람으로 비춰진다. 그리고 이러한 드리밍의 습관은 주변의 다른 사람들에게도 영향을 줄 수밖에 없다. 사람들은 꿈꾸는 사람을 좋아하고 따라 하려는 경향이 있기 때문이다.

"오랫동안 꿈을 그리는 사람은 마침내 그 꿈을 닮아간다"
— 앙드레 말로

앙드레 말로의 말처럼 우리는 드리밍을 통해 그 꿈을 현실화할 수 있다. 그럼으로써 우리는 더 행복해질 수 있다. 꿈을 실현해서가 아니라 그것을 이루어가는 과정에서 오히려 더 큰 행복을 느낄 수 있으리라.

당신의 한 줄을 찾아라

나는 어려서부터 콤플렉스가 하나 있었다. 그 콤플렉스는 대한민국 사람이라면 누구나 다 아는 이름, 철수에서 비롯된 것이다. "철수야 놀~자"라며 놀려대던 친구들이 싫어서 늘 도망만 다녔고, 교과서에서 철수라는 이름이 나올 때면 가슴이 늘 따끔거렸다. 내 이름이 나올 때마다 친구들이 웃음보를 터뜨렸기 때문이다. "으아하하하~, 철수야 놀~자!"

지금 같으면 한번 크게 웃고 넘길 일일 테지만, 내 과거의 기억 속에는 늘 주눅 들고 의기소침한 어린 철수가 있다. 남들 앞에서 내 주장을 제대로 펼쳐보지도 못했다. 안타깝게도 나의 이런 성격은 세월이 지나도 쉽게 바뀌지 않았다.

다른 사람들 앞에서 당당하지 못하고 항상 그들의 뒤를 좇는 수

동적인 삶을 살아가던 어느 날, 나는 변화와 혁신을 꿈꾸게 되었다. 자신의 한계를 이겨냈거나 이겨내려 애쓰는 사람들의 이야기를 들으며 나도 그들처럼 나를 깨고 새로운 나로 거듭나고 싶었다.

어쩌면 나는 이 책을 통해서 오랫동안 나를 괴롭혀온 '철수 콤플렉스'를 극복하고 싶었는지 모른다. 즉 남들 뒤에서 소극적으로 따라가는 삶이 아니라 스스로 주인공이 되어 나를 밖으로 드러내는 적극적인 삶을 살고 싶었던 것은 아니었을까.

나는 이 책이 많은 사람들에게 자신의 변화와 혁신에 대해 깊이 고민하는 계기가 되었으면 좋겠다. 그리고 모두가 자신만의 한 줄 콘셉트를 만들 수 있기를 희망한다.

우리가 꿈꾸는 삶으로 변신變新하기 위해서는 생각만 변해서는 안 된다. 각자의 삶 속에서 그것을 실제로 행동으로 옮겨야만 한다. 자신이 주도적으로 만들어낸 한 줄 콘셉트는 그러한 생각의 변화와 실천을 이끌어주는 마중물 역할을 하게 될 것이다.

변화는 늘 우리에게 두려움을 몰고 오지만, 그 변화의 두려움 뒤에는 항상 새로운 기회가 존재한다는 사실을 믿어보자. 그러한 믿음은 두려움을 희망과 용기로 바꿔줄 것이다. 마지막으로 많은 통찰력 있는 자극들을 준 50여 명의 혁신 고수분들에게 진심으로 감사의 말씀을 드린다.

콘셉트 디자이너 김철수

당신의 한 줄은 무엇입니까?

당신의 한 줄은 무엇입니까

1판 1쇄 인쇄 2014년 10월 7일
1판 1쇄 발행 2014년 10월 14일

지은이 김철수
펴낸이 고영수

책임편집 윤현주   **기획 · 편집** 최두은 · 문여울 · 문미경 · 김진희 · 이혜선
경영기획 고병욱   **외서기획** 우정민   **디자인** 공희 · 진미나   **제작** 김기창
마케팅 이원모 · 이미미   **총무** 문준기 · 노재경 · 송민진   **관리** 주동은 · 조재언 · 신현민

펴낸곳 청림출판
등록 제406-2006-00060호
주소 135-816 서울시 강남구 도산대로 38길 11(논현동 63)
      413-120 경기도 파주시 회동길 173(문발동 518-6) 청림아트스페이스
전화 02-546-4341   **팩스** 02-546-8053

www.chungrim.com
cr1@chungrim.com

ISBN 978-89-352-1020-6   03320